이 책의 한국어판 저작권은 저작권자와 독점 계약한 도서출판 기적수업에 있습니다. 신저작권법에 의해 한국 내에서 보호를 받는 저작물이므로 무단전제와 무단복제를 금합니다.

Foundation for A COURSE IN MIRACLES ®

41397 Buecking Drive

Temecula, CA 92590

www.facim.org

Copyright 1983, 1987, 1989, 1999 by the

Foundation for A COURSE IN MIRACLES ®

All rights reserved under International and Pan-American Copyright Conventions. No part of this book may be reproduced or transmitted in any form or by any means, electronic or mechanical, including photocopying, recording, or by any information storage and retrieval system, without permission in writing from the publisher. For information, contact the Director of Publications at the Foundation for A COURSE IN MIRACLES® • 41397 Buecking Drive • Temecula, CA 92590.

기적수업 입문서

초판1쇄 발행 2013년 7월 4일
2 판2쇄 발행 2024년 2월 22일
저　　　자 | 케네쓰 왑닉
역　　　자 | 구정희
디 자 인 | 강형규, COO's Company
교　　　정 | 강형규, 이우형
교　　　열 | 김지화
펴 낸 곳 | 도서출판 기적수업
주　　　소 | 158-803 서울특별시 양천구 목동중앙본로 17길 20
홈페이지 | http://acimkorea.org 기적수업한국모임
이 메 일 | acimkr@naver.com
출판등록 | 2013년 2월 25일(제 2013-000036호)

ISBN 979-11-950623-6-2 03230

목차

저자 서문

역자 서문

1장	기적수업 이야기	13
2장	한마음 : 천국 세계	39
3장	그른 마음 : 에고의 사고체계	55
	죄, 죄책감, 두려움	57
	부인과 투사	62
	공격-방어 회로	72
	특별한 관계	78
4장	바른 마음 : 성령의 사고체계	95
	분노-용서	96
	기적의 의미	127
5장	예수 : 예수 생애의 목적	143
부록	기적수업에 관해 자주 제기된 질문들	157
	기적수업 본문 기호 표기법	
	기적수업 재단 소개	
	기적수업 한국 모임	

저자 서문

한국 독자들에게 기적수업을, 구체적으로 제가 쓴 서적들을 소개할 수 있게 되어 무척 기쁩니다. 기적수업은 영어권 학생들에게도 어려운 교재이지만, 영어권 사람이 아닌 독자들에게는 훨씬 더 어려울 것입니다. 번역자에게도 기적수업은 매우 까다로운 책이었음은 말할 나위도 없습니다. 그러므로 기적수업과 제 서적들이 구정희의 탁월한 번역 작업을 거쳐 한국의 기적수업 학생들에게 선사되었음을 다행이라 생각합니다.

〈기적수업 입문서 A Talk Given On A Course In Miracles〉를 시작으로 저의 서적들이 한국 독자들에게 기적수업을 공부하고 그 가르침을 실천하는 데에 좋은 안내서가 되었으면 하는 바램입니다. 기적수업이 전하는 가르침을 간결하게 요약한 이 책은 제 첫 작품 중 하나입니다. 이 책은 구정희의 첫 번역 작품이기도 하며, 저는 앞으로도 구정희가 기적수업에 연관된 많은 서적들을 번역하여 출간할 것이라 기대합니다.

저는 제 서적들을 아직 접한 적이 없는 기적수업의 새로운 학생들에게, 앞으로 좋은 여행길이 되기를 진심으로 기원합니다. 용서가 하나님을 기억하는 방법이라고 가르치는 기적수업이 집으로 향한 여러분의 여행길을 밝혀주었으면 하는 바람입니다.

케네쓰 왑닉

구 서문 요약

〈기적수업 입문서〉는 1981년 5월 9일 타라 싱Tara Singh의 주최로 열린 9일 수련회 중 하루 동안 진행된 내 워크숍의 내용을 기록한 책입니다. 그 날 워크숍에서 말했던 것을 타이핑한 원고를 읽기 편하게 약간 수정했지만, 이 책은 그 날 워크숍에서 주고받은 말을 그대로 담고 있습니다.

초판과 두 번째 판은 팸플릿의 형식으로 나왔습니다. 그런데 그 팸플릿이 폭발적인 인기를 끌어 세 번째 판부터는 책의 형식으로 출간했습니다. 네 번째 판에서는 책에 인용된 기적수업 구절들을 수월하게 참고할 수 있도록 문장의 위치를 알려주는 번호 표기법을 포함시켰습니다. 번호 표기법의 예는 이 책 뒤에 부록으로 실었으니 참고하시기 바랍니다.

여러분이 지금 읽고 있는 판은 일곱 번째 개정판입니다. 독자들에게 좋은 안내서가 될 수 있도록 형식을 조금씩 바꿨지만, 내용은 초판 것과 같습니다.

끝으로 워크숍에서 그날 내용을 녹음한 후 타자로 쳐서 이 책이 출간될 수 있는 원고를 작성한 프레드 마쉬Fred Marsh (뉴 멕시코의 로스 앨러모스 출신)와 그 원고를 제게 전하며 출판을 권했던 에밀리 라비에르Emily LeVier(뉴 저지의 마와 출신), 그리고 이 책이 나오기까지 도움을 주었던 사람들에게 감사를 표하고 싶습니다.

케네쓰 왑닉

역자 서문

　성경을 통해 제가 이해했던 하나님은 당신이 창조한 인간을 정죄하고 처벌하는 하나님, 이스라엘 민족만을 지극히 편애하는 하나님이었습니다. 저는 그런 하나님을 모든 생명을 사랑하는 하나님으로 받아들일 수 없었습니다. 저는 그런 하나님이 사랑의 하나님일 리가 없다고 생각했습니다. 그런데 김홍호 목사님을 뵙게 되었을 때 어쩌면 성경에 묘사된 하나님이 진정한 하나님이 아닐 수 있다는 생각이 들었습니다. 왜냐하면, 김홍호 목사님의 모습에서 저는 평화를 느꼈기 때문입니다. 그때부터 저는 하나님을 알고 싶다는 기도를 드렸습니다. 그리고 저의 기도는 오랜 기간에 걸쳐 응답받았습니다. 저는 영적인 경험들을 하게 되었고, 1996년 그 경험을 정확하게 묘사하는 기적수업을 만났습니다.

　진리를 설명할 길은 없지만, 진리를 가로막는 장애물을 치우는 방법은 배울 수 있고, 배워야 하며, 기적수업은 그 방법을 가장 친절하게 설명해 놓은 책 중의 하나라고 저는 생각합니다.

　1998년 기적수업 번역서가 없어 스스로 번역하며 읽어가기 시작했던 저는 2006년 10월 내면의 평화 재단의 한국어 공식 번역자로 선정되어 그 후 지난 8년간 기적수업을 번역 출간하였고, 그 전에 출간했던 기적수업 입문서 2쇄를 내어 놓게 되었습니다. 이번 2쇄에서는 자주하는 질의응답을 실어 기적수업을 읽는 독자들이 궁금해할 수 있는 질문들에 대한 답도 제공하고 있습니다.

〈기적수업 입문서〉는 기적수업을 안내하는 최고의 서적이라고 저는 생각합니다. 저는 〈기적수업 입문서〉를 번역하면서, '어떻게 이 작은 책자로 기적수업의 핵심을 이토록 잘 소개할 수 있을까!' 감탄하였습니다. 아마 그것은 심리학 박사이며 종교에도 깊은 이해가 있는 왑닉 박사님이었기에 가능했다고 생각합니다. 심리학과 영성을 통합한 기적수업을 가르치는 교사로서 왑닉 박사님만큼 적합한 교사도 없을 것입니다. 1973년 기적수업이 완성될 무렵 왑닉 박사님이 헬렌을 만나 함께 윤문 작업에 참여하게 된 것은 분명 우연이 아니었습니다.

저는 역자 서문에서 guilt의 번역 용어에 대해 잠시 설명하려고 합니다. 영어 사전에서 guilt를 찾아보면 죄책감, 유죄(유죄임), 잘못에 대한 책임이라는 설명을 보게 됩니다. 영어로는 이 모든 의미를 guilt 하나로 표현할 수 있지만 한국어로는 이 세 가지 의미를 모두 포함하는 단어가 없습니다. 그래서 저는 문장에서 의미를 살펴 guilt를 죄책감, 유죄, 죄의 책임 혹은 죄책으로 번역하였습니다. 또 한 가지 영어와 국어의 차이점으로는 한국어에는 대문자 표기가 없다는 점입니다. 대부분은 문맥 안에서 소문자와 대문자로 표기된 용어를 구분해서 이해할 수 있긴 합니다. 예를 들어 하나님을 아버지로 표현하기도 하는데 이때 아버지는 영문으로는 Father로 대문자로 표기되어 있다는 것을 누구나 알 수 있을 것입니다. 〈기적수업 입문서〉에서는 이처럼 명확하게 대문자임을 알 수 있는 용어에 대해서는 따로 구분하지 않았습니다. 그러나 대문자임을 밝혀 주는 것이 좋다고 생각하는 용어에 대해서는 영문을 같이 표기해서 대문자임을 알렸습니다.

아울러 기적수업에 대해 보다 더 많은 정보와 학생들을 만나고 싶은 독자분이 계시다면 〈기적수업 한국모임〉 https://acimkorea.org 으로 접속하시면 도움을 받으실 수 있을 것입니다. 기적수업 번역문의 일부, 기적수업 연습서 전체는 물론이고 기적수업에 관해 자주 하는 질의응답, 이 책의 저자인 왑닉 박사의 동영상 강의 등 미국 기적수업 재단에서 제공하는 자료등이 올려져 있으며 기적수업 한국 모임에서 제공하는 세미나 등 모임 안내와 팟캐스트 안내도 받으실 수 있습니다.

끝으로 이 책을 한국의 독자들에게 소개할 수 있도록 허락하시고 한국 독자들을 위해 새로 서문을 써 주신 왑닉 박사님과 기적수업을 함께 번역하고 입문서의 교열도 기꺼이 맡아준 저의 아들 김지화 그리고 표지 디자인과 내면 디자인에 도움을 김수정 님, 입문서를 이북으로 전환해준 강형규 님과 2쇄에서 기적수업 합본 번역문으로 수정을 도와 준 이우형 님께 감사를 전하며 역자 서문을 마칩니다.

옮긴이 구정희

1장
기적수업 이야기

기적수업이 쓰이게 된 배경과 관련하여 한 가지 흥미로운 점은 수업이 주어진 과정과 그에 얽힌 이야기 자체가 바로 기적수업의 기본 원리를 완벽하게 보여주는 예라는 점입니다. 기적수업의 중심 메시지는 '구원은 언제라도 두 사람이 공동 관심사를 나누거나 공동 목표를 추구하기 위해 결합하는 순간 온다'는 것으로 이는 나중에 언급하게 될 용서와 어느 정도 항상 관련이 있습니다.

기적수업을 탄생시킨 두 사람은 1981년 작고한 헬렌 슈크만과 윌리엄[1]입니다. 그들은 뉴욕시의 콜롬비아 대학 장로 의료원에 소속된 심리학자였습니다. 우리가 빌이라는 애칭으로 부르는 윌리엄이 1958년에 그곳의 심리학과 학과장으로 부임하였고, 헬렌은 그로부터 몇 달 뒤 빌과 함께 근무하게 되었습니다. 첫 7년 동안 두 사람은 매우 불편한 관계였습니다. 두 사람의 성격은 판이하게 달랐습니다. 그들은 업무상으로는 별문제가 없었지만, 개인적으로는 팽팽한 긴장감이 돌고 애증이 교차하는 힘든 사이였습니다. 두 사람의 관계뿐만 아니라 그들은 같은 부서의 직원들이나 타 부서 직원들과도 불편한 관계에 있었고, 다른 의료원 직원들과 일하는 데에도 어려움이 많았습니다. 그것은 큰 대학이나 의료원에서는 흔히 볼 수 있는 분위기로, 콜롬비아 의료원도 다른 곳과 크게 다르지 않았습니다.

---

1 테드포드 윌리엄 테드포드는 1988년 작고하였다. 역주. 참고로 이 책에 실린 각주는 모두 역자의 주석이다.

그러던 차에 전환점이 찾아왔습니다. 1965년 어느 봄날 헬렌과 빌은 코넬 의료원에서 열리는 분과합동정기회의에 참석해야 했습니다. 정기회의에서는 서로 치열하게 경쟁하고 뒤에서 험담하는 일이 다반사였습니다. 그것은 대학 사회에서는 매우 흔한 일이었습니다. 물론 헬렌과 빌도 다른 사람을 비판하고 비난하는 데 단단히 한몫을 했습니다. 그런데 그날은 빌이 평소 하지 않던 행동을 했습니다. 모임에 참석차 출발하기 직전에, 비교적 조용하고 거만하지 않은 성격의 빌은 이러한 회의와 거기서 일어나는 문제들을 다룰 더 나은 방법이 틀림없이 있을 것으로 생각한다며 열변을 토하듯이 헬렌에게 말했습니다. 빌은 경쟁과 비판을 일삼기보다는 서로 사랑하고 수용해야 한다고 느꼈던 것입니다.

헬렌 또한 평소와는 달리 예상치 못했던 반응을 보였습니다. 헬렌은 빌의 말에 동조하면서 그 다른 길을 찾도록 돕겠다고 약속했던 것입니다. 상대를 수용하기보다는 주로 비판했던 두 사람이 의견의 일치를 보았다는 것은 의외의 일이었습니다. 그들의 결합은 기적수업이 말하는 거룩한 순간을 보여주는 하나의 사례이며, 처음에 언급했듯이 거룩한 순간은 구원의 수단입니다.

그들은 비록 의식하지 못했지만 바로 그 순간이 헬렌이 깨어 있을 때나 혹은 꿈속에서 겪게 되는 일련의 경험을 시작하는 신호탄으로 작용했던 것입니다.

나는 헬렌이 겪은 몇 가지 영능적靈能的 성격을 띤 경험에 대해서 언급하려고 합니다. 그것은 예수의 모습이 점점 더 정기적으로 나타났기에 종교적인 경험이기도 합니다. 이는 그 당시의 헬렌으로서는 다소 예상치 못했던 경험이었습니다. 헬렌은 50대였고, 자신에게 그다지 잘해준 게 없다고 느꼈던 신에 대해 격렬한 적개심을 품고 있었지만 이를 교묘하게 감춘, 매우 호전적인 무신론자였습니다. 헬렌은 모호하거나, 연구와 측정을 통해 평가할 수 없다고 판단한 종류의 사고에 대해서 공격적이었습니다. 헬렌은 매우 훌륭한 심리연구학자였고, 예리한 분석력을 지닌 논리적인 성격의 소유자로, 거기서 벗어나는 종류의 사고를 용납하지 않았습니다.

어린 시절에도 헬렌은 남들에게는 보이지 않는 것을 보는 등 일종의 영능靈能이 있었습니다. 그러나 남들도 다 그렇겠거니 여기면서 그러한 일들을 대수롭지 않게 넘겼습니다. 헬렌은 어린 나이에 다소 놀랄만한 신비체험을 한두 번 경험했지만, 마찬가지로 그다지 주목하지 않았습니다. 사실 기적수업을 받아적기 이전에는 그러한 체험에 대해 말한 적도 없었습니다. 그러나 기적수업을 받아 적기 전에 오게 된 일련의 경험은 헬렌으로서도 놀라운 일이었습니다. 헬렌은 이러한 경험들로 몹시 두려웠고, 한편으로는 자신이 미치는 게 아닌가 싶어 겁도 났습니다. 그것은 일상적인 경험이 아니었기에, 빌의 지원과 격려가 없었다면 나는 헬렌이 이 모든 과정을 중단하고 말았을 것이라고 생각합니다.

빌이 헬렌과 결합하여 지속적으로 도움을 주는 것이 필수적이었음을 우리는 인식해야 합니다. 빌이 그렇게 하지 않았더라면 헬렌은 결코 기적수업을 기록할 수 없었을 것입니다. 그러므로 여러분은 기적수업이 말하는 근본 원리의 또 하나의 사례를 보고 있습니다. 그것은 "구원은 협력의 모험이다"(T-4.VI.8:2), "평화의 방주에는 둘씩 들어간다"(T-20.IV.6:5), "아무도 천국에 혼자 들어갈 수 없다"(W-134.17:7), "함께 혹은 아무도"(T-19.IV.D.12:8) 등 다양한 방식으로 반복해서 표현되어 있습니다. 헬렌과 빌이 모험적인 이 작업에 동참하지 않았다면 기적수업은 없었을 것이며, 오늘 우리는 이것에 대해 논하기 위해 이 자리에 모이지도 않았을 것입니다.

헬렌이 겪었던 일련의 경험은 그해 여름에 마치 연재물처럼 이어서 일어났습니다. 그것은 꿈꾸는 상태에서 일어난 것이 아니라, 깨어 있는 상태에서 단편적으로 일어났습니다. 인적이 없는 해변을 거닐던 헬렌이 배 한 척을 발견하는 것이 그 시작이었습니다. 헬렌은 그 배를 끌어내어 물에 띄우는 것이 자기가 해야 할 일임을 알아차렸습니다. 하지만 배가 모래 속에 깊숙이 파묻혀 도저히 혼자서는 그 배를 끌어낼 수 없었습니다. 그러던 차에, 어떤 사람이 나타나 헬렌을 돕겠다고 했습니다. 그때 헬렌은 배의 바닥에서 어떤 물건을 발견했는데, 헬렌은 그것이 고대 송수신 장치였던 것 같다고 훗날 말했습니다. 헬렌은 그 낯선 사람에게 "어쩌면 이 물건이 도움이 될 거예요."라고 말했으나 그 남자는 "당신은 아직 그것을 쓸 준비가 되지 않았으니 그냥 두세요."라고 말했습니다. 그래도 그 남자는 배를 끌어내어 물 위에 띄웠습니다. 헬렌이 곤경에 처하거나 폭풍이 몰아칠 때마다, 그 남자가 늘 나타나서 도와주곤 했습니다. 얼마 후 헬렌은 그가 예수라는 것을 알아차렸습니다. 그러나 그는 사람들이 보통 생각하는 예수와는 다른 모습이었습니다. 그는 늘 헬렌 주변에 있었으며 어려움이 닥칠 때마다 헬렌을 도왔습니다.

마침내 이 연재의 마지막 장면에서, 그가 끌어내어 물에 띄운 배는 운하처럼 보이는 목적지에 도착했습니다. 모든 것이 고요하고 잠잠하며 평화로웠습니다. 배에는 낚싯대가 있었고 낚싯줄이 드리워진 바다 밑바닥에 보물 상자가 있었습니다. 그 당시 헬렌은 보석과 예쁜 물건들을 무척 좋아했기에 보물 상자를 보자 몹시 흥분하였습니다. 헬렌은 상자 속에 무엇이 들어 있을까 기대에 부풀었습니다. 하지만 상자를 들어 올려 뚜껑을 열었을 때 커다란 검은 책을 보고는 무척 실망하였습니다. 상자 속에 있는 것이라고는 그 책이 전부였던 것입니다. 책 표지에는 아스클레피오스^{Aesculapius}라고 적혀 있었는데, 당시에는 그것이 그리스 신화에 나오는 치유의 신의 이름이라는 것을 알아차리지 못했습니다. 그로부터 몇 년 뒤, 마침내 기적수업을 모두 타이핑해서 검은색 논문철로 묶었을 때야 비로소 헬렌과 빌은 헬렌이 보물 상자 속에서 본 책과 기적수업이 똑같이 생겼다는 것을 알아차렸습니다.

헬렌은 그 보물 상자를 다시 보게 되는데, 이번에는 진주알로 엮은 줄이 상자를 감고 있었습니다. 며칠 후 헬렌은 황새 한 마리가 금 십자가가 새겨진 검은 책을 물고서 마을 위로 날아가는 꿈을 꾸었습니다. 그때 음성이 헬렌에게 "이것은 너의 책이다."라고 말했습니다. (이 일은 헬렌이 내면에서 기적수업을 듣게 되기 전에 일어났습니다.)

또 한 가지 흥미로운 경험을 말하자면, 헬렌은 동굴 속으로 걸어가는 자신을 보았던 것입니다. 그것은 아주 오래된 동굴이었습니다. 동굴 바닥에는 토라처럼 보이는 양피지 두루마리가 있었습니다. 그것은 상당히 오래된 두루마리였기에 헬렌이 집어 들자 두루마리를 묶었던 끈이 바스러지고 말았습니다. 헬렌이 두루마리를 펼치자 중앙에 "하나님이 계시다 GOD IS"고 적혀 있었습니다. 헬렌은 그 문구를 보고 참 좋다고 생각했습니다. 헬렌은 두루마리를 좀 더 펼쳤는데 왼쪽과 오른쪽에 공간이 하나씩 있었습니다. 그러자 음성이 말했습니다. "왼쪽을 펼치면 과거에 일어났던 모든 일을 읽을 수 있고, 오른쪽을 펼치면 미래에 일어날 모든 일을 읽을 수 있습니다." 그러나 헬렌은 "아니에요. 난 그런 것에는 관심이 없어요. 내가 원하는 것은 중앙 면이 전부예요."라고 말했습니다.

그리고는 두루마리를 다시 말았기에 헬렌이 본 것은 "하나님이 계시다 GOD IS"라는 글귀뿐이었습니다. 그러자 음성이 "고맙습니다. 이번에는 해냈군요."라고 말했습니다. 그 순간 헬렌은 전에는 분명 통과하지 못했던 시험을 이번에는 통과했다는 것을 알아차렸습니다. 이것이 실제로 의미하는 것은 헬렌이 자기 능력을 오용하지 않겠다는, 즉 그 어떤 권력을 얻거나 호기심을 충족하는 데 이용하지 않겠다는 열망을 표현했다는 것입니다. 헬렌이 진정으로 찾고 있는 유일한 것은 하나님을 발견할 수 있는 현재였던 것입니다.

연습서에는 "우리는 '하나님이 계신다'고 말한 다음 입을 다무니(W-169.5:4)"라고 쓰인 구절이 있는데 왜냐하면 이 한마디 말고는 더 이상 할 말이 없기 때문입니다. 나는 그 구절이 동굴에서의 이 경험을 가리킨다고 생각합니다. 기적수업은 '과거는 이제 존재하지 않으며, 마찬가지로 존재하지 않는 미래에 관심을 두지 말아야 한다.'는 관념을 전체에 걸쳐서 강조하고 있습니다. 우리는 오직 현재에 관심을 기울여야 합니다. 우리가 하나님을 알 수 있는 유일한 곳은 오직 현재이기 때문입니다.

이제 마지막 이야기로 넘어가겠습니다. 헬렌과 빌은 미네소타주 로체스터에 있는 메이요 병원에 가서, 그곳에 근무하는 심리학자들이 어떻게 심리평가를 하는지 하루 동안 조사하기로 되어 있었습니다. 출발 전날 밤 헬렌은 마음 안에서 매우 선명하게 떠오른 교회의 모습을 보았는데, 처음에는 그 건물을 천주교회라고 생각했지만, 나중에 알고 보니 그것은 루터교회였습니다. 헬렌은 그 모습이 너무 선명해서 스케치해 두었습니다. 비전에서 헬렌은 그 건물을 내려다보았기에 로체스터에 도착할 무렵 빌과 함께 그 교회를 보게 될 것이라고 확신하였습니다. 그 무렵 헬렌은 이러한 내면의 체험을 진정으로는 이해하지 못했습니다. 그랬기에 헬렌은 자신이 미친 것은 아닌지 의심하였고, 그 교회를 자신의 정신 상태를 말해줄 확실한 징표로 삼았습니다. 헬렌은 그 교회를 실제로 보게 된다면 자신이 미치지 않았다고 안심할 수 있을 것만 같았습니다. 하지만 비행기가 로체스터에 착륙할 때 그들은 교회를 보지 못했습니다. 헬렌은 불안해서 거의 미칠 지경이었습니다. 그래서 빌은 택시를 대절하여 로체스터에 있는 교회란 교회는 샅샅이 다 찾아 다녔습니다. 그곳에 약 26개의 교회가 있었다고 생각되는데, 헬렌이 말한 교회는 찾을 수 없었습니다. 헬렌은 무척 심란했지만 그날 밤에는 어쩔 도리가 없었습니다.

다음날 그들은 매우 바쁜 일정을 보냈고, 저녁 무렵 뉴욕으로 돌아오는 길이었습니다. 공항에서 대기하는 동안에 빌은 헬렌의 남편이 좋아하겠다고 생각되는 로체스터에 관한 책 한 권을 집어 들었습니다. 빌은 평소에 그런 일을 잘했습니다. 빌이 집어든 책에는 메이요 병원의 역사가 소개되어 있었습니다. 책갈피를 넘기던 빌은 헬렌이 묘사했던 것과 똑같은 교회의 사진을 보았습니다. 그 교회는 메이요 병원의 옛 부지에 있었는데, 병원을 짓기 위해 교회를 허물었던 것입니다. 그 교회는 더 이상 존재하지 않았기에 헬렌은 위에서 내려다보았던 것입니다. 헬렌은 시간 속에서 그 교회를 내려다보았던 것입니다. 그 일로 헬렌은 다소 기분이 나아졌는데, 이야기는 여기서 끝나지 않습니다.

헬렌과 빌은 시카고에서 비행기를 갈아타야 했습니다. 밤은 이미 깊었고 매우 지친 그들은 공항 터미널에 앉아 있었습니다. 그때 헬렌은 대기실 건너편에서 무언가 골똘히 생각하며 앉아 있는 여자를 보았습니다. 헬렌은 그 여자가 겉으로는 그다지 드러내지 않았지만 매우 심란한 상태에 있다는 것을 알았습니다. 헬렌은 그 여자에게 다가갔습니다. 헬렌은 평소에는 그런 행동을 하지 않았지만 그날은 그렇게 해야 한다고 느꼈기 때문입니다. 아니나 다를까 그 여자는 매우 불안한 상태였습니다. 그 여자는 남편과 자식에게서 막 도망쳐 나와 뉴욕으로 가려던 참이었습니다. 그 여자는 뉴욕이 초행길이었고 수중에 쓸 수 있는 돈이라고는 고작 300불밖에 없었습니다. 게다가 비행기를 타본 적이 없어서 겁에 질려 있었습니다. 헬렌은 그 여자의 친구가 되어 그녀를 빌에게로 데려왔고, 비행기 안에서도 헬렌과 빌 사이에 앉혀 보살펴 주었습니다. 그 여자는 헬렌에게 자기는 루터교 신자라서 루터 교회에 머무를 계획이라고 말했습니다. 그때 헬렌은 내면의 음성이 "이것이 나의 진정한 교회다."라고 말하는 것을 들었습니다. 진정한 교회는 건물이 아니라 사람들을 돕고 결합하는 것임을 예수가 말하려고 한다고 헬렌은 이해했습니다.

뉴욕에 도착해서 헬렌과 빌은 새 친구를 호텔에 묵게 했는데, 묘한 인연으로 그 후로도 며칠간 그 여자와 우연히 계속 마주쳤습니다. 내 기억으로는 빌은 뉴욕의 큰 백화점인 블루밍데일에서 한번 만났고, 헬렌은 한두 번 저녁 식사에 그녀를 초대했습니다. 그 여자는 결국 가족들에게 돌아갔으나 크리스마스 카드를 보내는 등 계속 헬렌과 연락을 주고받았습니다. 내가 헬렌과 같이 있을 때 그 여자가 헬렌에게 전화한 적도 있습니다. 이 이야기는 영능 현상 자체가 아니라 현상 이면의 영적인 목적이 중요하다는 것을 보여준다는 점에서 의미가 있습니다. 이 경우에는 다른 사람을 돕는 것이었습니다.

시월 중순 무렵에 헬렌은 "나는 아주 뜻밖의 일을 하리라고 생각해요."라고 빌에게 말했습니다. 그때 빌은 헬렌에게 노트를 준비해서 생각나는 것, 듣는 것, 혹은 꿈꾼 것들을 다 적어보라고 말했습니다. 헬렌은 빌이 말한 대로 적어나가기 시작했습니다. 헬렌은 속기법을 알았기에 매우 빨리 기록할 수 있었습니다. 그로부터 2주 후 저녁 시간에 헬렌은 그 음성이 "이것은 기적수업이다. 받아 적으라."고 말하는 것을 들었습니다. 헬렌은 공포에 질려 빌에게 전화를 걸었습니다. "그 음성이 계속 이런 말을 해요. 어떻게 해야 할까요?" 그때 빌은 후세 사람들이 그를 참으로 축복받은 자라고 부를 말을 하였습니다. 빌은 "그 음성이 말하는 대로 하는 게 어때요?"라고 말했습니다. 헬렌은 빌의 말대로 구술을 받아 적기 시작했고 7년 후 마침내 지금 우리가 가진 기적수업이라는 세 권의 책이 되었습니다.

헬렌이 경험한 음성은 내면의 녹음기와도 같아서, 원할 때는 언제든지 껐다 켰다 할 수 있었습니다. 하지만 오랫동안 "꺼"두면 몹시 심란했기에 그럴 수는 없었습니다. 그 음성은 매우 빠른 속도로 구술했지만, 헬렌은 다 받아 적을 수 있었습니다. 속기법을 익혀둔 것이 매우 유용했습니다. 헬렌은 완전히 깨어있는 상태에서 받아 적었습니다. 그것은 저절로 펜이 움직이며 적어가는 자동기술이 아니었습니다. 헬렌은 표면의식이 소실된 트랜스 상태나 다른 상태에 빠져 기록한 게 아닙니다. 음성의 구술을 받아 적는 중에 전화가 오면 헬렌은 전화를 받아 용건을 처리한 후 이어서 받아 적을 수 있었고, 끝난 지점에서 다시 시작할 수 있었습니다. 기적수업의 많은 부분이 무운시[1] 약강 5보격[2]으로 쓰였다는 것을 알게 되면 이 점은 더욱 놀라운데 그녀는 그 와중에도 운율이나 음성이 말하는 의미를 놓치지 않았던 것입니다.

헬렌을 가장 두렵게 했던 것은 아마도 그 음성이 자신을 예수라고 밝힌 일일 것입니다. 기적수업은 상당 부분이 일인칭으로 서술되어 있고, 거기서 예수는 자신의 십자가에 대해 종종 말합니다. 그 음성이 누구의 음성인지 잘못 알 수는 없었습니다. 하지만 그 음성의 주인공을 예수로 믿지 않아도 기적수업이 전하는 것에서 유익을 얻을 수 있다고 기적수

---

[1] 무운시(無韻詩) : 운의 구속이 없어 산문에 가까운 서술적 시에 쓰이는 전통적인 형태의 시.
[2] 약강 5보격(iambic pentameter) : 5개의 음보(音步)로 이루어진 시행. 한 행은 총 10개의 음절로 구성되어 있으며, 약강(弱強)의 패턴이 다섯 번 반복된다.

업은 말합니다. 내 생각에는 여러분이 기적수업의 화자話者를 예수라고 믿으면 유익을 얻기가 더 쉽고, 읽어가면서 머리를 싸매지 않아도 될 것입니다. 그렇지만 기적수업의 원리를 실천하기 위해 그것을 믿어야만 하는 것은 아니며, 기적수업 또한 이 점을 언급하고 있습니다. 교사용 지침서 중에 예수를 다루는 부분이 있는데, 거기에서 예수를 우리의 삶 속에 받아들여야만 하는 것은 아니지만, 우리가 허용한다면 예수는 우리를 더한층 도와줄 것이라는 점을 밝히고 있습니다 (C-5:6-7).

헬렌은 마음속에서는 그 음성이 예수의 음성이라는 점을 의심하지 않았고, 그래서 더욱더 두려웠습니다. 헬렌에게는 그것이 즐거운 경험이 아니었습니다. 그럼에도 헬렌이 이 일을 한 것은, 웬일인지 자신이 하기로 되어 있는 일이라고 믿었기 때문입니다. 언젠가 헬렌은 "왜 저를 택하셨어요? 왜 성스러운 수녀라든지 그런 사람을 택하지 않으셨어요? 저는 이런 일을 할 사람이 결코 아니에요."라고 불평하며 원망하였습니다. 예수는 "나는 네가 왜 그런 말을 하는지 모르겠구나. 아무튼 너는 이 일을 하고 있지 않느냐."라고 말했습니다. 헬렌은 이미 그 일을 하고 있었기에 대꾸할 말이 없었는데, 누가 봐도 이 일에는 그녀가 적임자였습니다.

헬렌은 매일 기적수업의 문구들을 속기용 노트에 받아 적었습니다. 다음날 헬렌은 바쁜 일정에도 시간이 날 때마다 들은 것을 빌에게 불러주었고, 빌은 그것을 타이핑하였습니다. 빌은 한 손으로는 헬렌을 부축하고 한 손으로는 타이프를 쳐야 했다고 농담하곤 했습니다. 헬렌은 자기가 쓴 것을 읽는 것조차도 어려움이 많았습니다. 기적수업은 이런 경위를 통해 쓰였으며, 이 과정은 7년에 걸쳐 일어났습니다.

여러분도 알다시피 기적수업은 교과서, 학생용 연습서, 그리고 교사용 지침서 세 권으로 구성되어 있습니다[1]. 교과서는 그중 가장 읽기 어려운 것으로 기적수업의 기본이론을 담고 있습니다. 학생용 연습서는 1년 동안 하루에 한과씩 365개의 과課로 구성되어 있으며, 교과서의 원리를 실제적으로 적용하는 것으로서 중요합니다. 교사용 지침서는 훨씬 얇고, 사람들이 물을만한 질문에 대한 답으로 이루어져, 세 권 중 가장 읽기가 쉬운 책입니다. 교사용 지침서는 사실 기적수업의 여러 원리가 잘 요약되어 있습니다. 용어집은 기적수업이 완성된 몇 년 후에 구술되었는데, 그것은 마치 부록처럼 되어 있습니다. 이 부분은 기적수업에 사용되는 몇몇 단어들을 정의하고 있습니다. 그러나 그 단어의 의미를 모른다면, 그것을 읽어도 그다지 도움이 되지 않을 것입니다. 하지만 거기에도 아름다운 구절들이 있습니다.

헬렌과 빌이 고친 부분은 없습니다. 지금 우리가 가지고 있는 책은 본질적으로 전달되었던 그대로입니다. 유일하게 바꾼 것은, 교과서가 절과 장으로 나뉘지 않은 상태로 구두점 찍기와 문단 나누기도 없

---
1 그 후 기적수업 합본에는 심리치료와 기도의 노래가 추가되었다.

이 쭉 이어져 왔기에 취한 조처였습니다. 헬렌과 빌이 교과서의 구조를 잡는 초기 작업을 했고, 나는 1973년에 참여하여 헬렌과 함께 원고 전체를 세심하게 검토했습니다. 절 나누기와 제목 달기는 우리가 했습니다. 연습서는 과課별로 왔고, 교사용 지침서는 질문과 답이 함께 왔기에 문제가 없었습니다. 문제가 되는 것은 교과서인데, 원래 자료가 논리적인 절로 구술 되어서 절과 장을 나누는 일이 어렵지는 않았습니다. 전반적으로 우리는 예수의 안내에 따라 움직이고 있고, 우리가 하는 일이 모두 예수가 원하는 대로라고 느꼈습니다.

기적수업을 처음 받아 적을 때에는 어떤 일이 일어나고 있으며 서로 어떻게 도와야 하는지를 헬렌과 빌이 이해할 수 있도록 개인적인 자료들이 많이 주어졌습니다. 거기에는 그들에게 주어진 내용을 받아들이는 데 도움이 되는 많은 자료가 포함되어 있었습니다. 헬렌과 빌은 심리학자였기에 그들이 알고 있는 것과 기적수업이 전하는 것의 간격을 메워주기 위해 프로이드와 다른 사람들에 대한 자료가 주어졌습니다. 예수는 명백한 이유로 헬렌과 빌에게 그 자료들을 빼라고 지시했는데, 그것은 기적수업의 기본적인 가르침과 밀접한 관련이 없었기 때문입니다. 그런데 그 부분을 빼고 나니 문체 때문에 틈이 생겼다는 게 유일한 문제였습니다. 그래서 우리는 한두 구절을 덧붙이곤 했으나, 내용 때문이 아니라 다만 매끄럽게 이어지도록 하려는 조처였습니다. 우리는 시작 부분에서만 이러한 편집 작업을 하였습니다.

처음 네 장^章의 문체가 언제나 문제였습니다. 그 네 장은 가장 읽기 어려운 부분이기도 합니다. 그것은 개인적인 자료들을 빼는 바람에 문맥이 자연스럽게 연결되지 않았기 때문이라고 생각하는데, 우리는 문장이 매끄럽게 이어지도록 최선을 다 하였습니다. 또한, 초반기에는 헬렌이 일어나고 있는 일들을 너무 두려워했기에, 그녀가 들은 것이 의미 측면에서는 손상되지 않았지만 문체와 표현법은 종종 손상되었습니다.

예를 들어, 기적수업을 받아 적던 초창기에는 "성령"이라는 단어를 대체로 사용하지 않았습니다. 헬렌은 성령이란 용어를 무척 두려워했기에 예수는 성령 대신 영안^{靈眼} Spiritual Eye이라는 단어를 사용했습니다. 그것은 나중에 예수의 지시에 따라 "성령"으로 변경되었습니다. "그리스도"라는 단어도 같은 이유로 초기에는 대체로 사용되지 않았으나 나중에는 구술되었습니다. 그러나 한두 달 후부터 헬렌은 점점 더 안정되었고, 5장부터는 사실상 주어졌던 그대로입니다.

또 한 가지는 대문자의 표시가 없었다는 점입니다. 헬렌은 조금이라도 하나님과 관련되는 단어라면 무조건 대문자로 표시하려는 경향이 있었는데 어떤 단어는 대문자로 표기하고 어떤 단어는 대문자로 표기하지 않을 것인가 라는 점이 언제나 골칫거리였습니다. 때로는 이해를 돕기 위해 대문자로 표기해야 한다고 예수가 주장한 단어들도 있습니다.

연구 간행물을 편집할 때 강박적이고 매우 꼼꼼한 편집자였던 헬렌은 어떤 단어는 자기가 선호하는 스타일로 바꾸고 싶어 했습니다. 그러나 언제나 그러지 말라는 말을 들었고 그래서 헬렌은 그렇게 하지 않았습니다. 그것은 엄청난 자제력이 요구되는 일이었습니다. 헬렌이 더러 단어를 바꿔버린 때도 있었지만, 초인적인 기억력을 가졌던 헬렌은 언제 어느 부분에서 그렇게 했는지를 기억해낼 수 있었습니다. 헬렌은 어떤 특정 단어가 선택된 이유는 그것이 나중에 계속 언급될 것이기 때문이었다는 것을 2~300 페이지를 지나서 알게 되곤 했습니다. 그러면 헬렌은 언제나 그 부분으로 돌아가 자신이 바꾼 단어를 원래대로 돌려놓았습니다.

기적수업은 1972년 가을에 완성되었고, 나는 그해 겨울에 헬렌과 빌을 만났습니다. 우리 세 사람이 모두 알고 지내는 친구가 있었는데 그는 천주교회 신부이자 심리학자였습니다. 헬렌과 빌에게서 훈련받은 그 친구가 기적수업에 대해 알고 있었습니다. 나는 그 친구와 그해 가을에 친해졌습니다. 그 무렵 나는 이스라엘로 떠나려던 참이었는데 떠나기 직전에 그 친구가 자신이 아는 두 사람을 만나보라고 강권하였습니다. 그래서 우리는 그날 저녁을 함께 보냈는데 헬렌이 쓴 영성에 관한 이 책에 대해서도 몇 마디 언급했지만, 그것이 어떤 책인지, 어디서 왔는지는 더 이상 언급하지 않았습니다.

우리는 빌의 아파트에서 만났는데, 빌이 한 구석에 놓여 있는 기적수업 제본 7권을 가리켰던 기억이 납니다. 그 당시 나는 이스라엘에 들고 갈 짐이 거의 없었고, 그 두툼한 학술서를 가져갈 생각은 추호도 없었습니다. 그런데 그들은 기적수업에 대해 별로 말하지 않았음에도 나는 그들이 무슨 말을 하건 매우 끌렸습니다. 나는 그날 저녁 늦게 그 신부의 거처로 갔는데, 그는 그 책이 보고 싶다면 사본이 자기에게 있다고 말했습니다. 나는 그때에는 그 책을 보면 안 된다는 느낌이 강하게 들었습니다. 그러나 이스라엘에 있는 내내 나는 그 책에 대해 생각하였습니다. 나는 돌아가면 그 책을 보고 싶다고 헬렌에게 편지를 썼습니다. 헬렌은 나중에 내가 편지에서 "책"이라고 쓸 때 대문자 "B"를 썼다고 말했습니다. 나는 내가 그랬다는 것을 자각하지 못했습니다. 단어를 대문자로 표기하는 것은 내가 평소에 하지 않는 행동이지만, 그때는 내가 그랬던 게 분명합니다.

앞에서 말했듯이, 이스라엘에 있는 내내 나는 이 책에 대해 생각했고, 거기에 중요한 무언가가 있다고 느꼈습니다. 나는 1973년 봄에 뉴욕으로 돌아왔는데, 그 당시 생각으로는 얼마 동안 뉴욕에 머무르면서 가족과 친구들을 방문하고 다시 이스라엘로 돌아가 수도원에 무기한 머무를 계획이었습니다. 그러나 그 책이 너무 보고 싶어서 헬렌과 빌을 만나러 가기로 했습니다. 그 책을 보는 순간 나는 계획을 바꿔 뉴욕에 머무르기로 했습니다.

내 견해로는, 기적수업은 내가 이제껏 본 책 중에서 심리학과 영성을 통합한 최고의 서적입니다. 그 당시 나는 나의 영적 생활에서 무엇인가 빠진 것이 있다는 것을 잘 몰랐지만, 기적수업을 보았을 때 그것이 내가 진정으로 찾고 있던 것이었음을 깨달았습니다. 일단 자신이 찾던 것을 찾으면 그것과 함께 머무르게 됩니다.

기적수업에 대해 알아야 할 중요한 한 가지는 기적수업이 천국에 이르는 유일한 길이 아님을 기적수업은 매우 분명하게 밝히고 있다는 사실입니다. 교사용 지침서 앞부분에서 기적수업은 보편적인 진리를 가르치는 수천 가지 형태의 수업 중 하나일 뿐이라고 말합니다 (M-1.4:1-2). 기적수업은 모든 사람을 위한 수업이 아니며, 기적수업을 그렇게 생각하는 것은 잘못일 것입니다. 모든 사람을 위한 수업은 없습니다. 나는 개인적으로 기적수업이 이 세상에 알려진 보다 중요한 길이라고 생각하지만, 기적수업이 모든 사람을 위한 길은 아닙니다. 이 길이 적합하지 않은 사람에게는 성령이 다른 길을 주실 것입니다.

기적수업을 정말로 편안하다고 느끼지 못하는데도 이 책을 가지고 씨름하다가 자신을 실패자로 느낀다면 그것은 잘못입니다. 그것은 기적수업이 말하고자 하는 모든 것과 정말로 어긋나는 일입니다. 기적수업은 사람들에게 죄책감을 느끼게 하려는 게 아닙니다. 기적수업의 목적은 그 반대입니다. 그러나 이 책이 적합한 사람에게는 이 책은 씨름할 만한 가치가 있습니다.

질문 : 한때 기적수업을 시작한 사람이 많았지만, 엄청난 거부감을 느꼈다고 알고 있습니다.

대답 : 네, 그렇습니다! 사실 기적수업을 창밖이나 변기 속에 혹은 누군가에게 던져버리는 시기가 없었다면 그 사람은 아마도 기적수업을 제대로 공부하고 있지 않았을 것입니다. 그 이유에 대해서는 나중에 좀 더 자세히 설명하겠지만, 일반적인 이유는 기적수업은 우리가 믿고 있는 모든 것과 반대되기 때문입니다. 그런데 우리가 우리의 신념체계보다 더 끈질기게 집착하는 것은 없습니다. 우리의 신념체계가 옳든 그르든 상관없이 말입니다. 기적수업에 "너는 네가 옳다는 게 좋은가 행복하다는 게 좋은가?"라고 묻는 구절(T-29.VII.1:9)이 있습니다. 대부분의 사람들은 행복하기보다는 자신이 옳다는 것을 더 좋아할 것입니다. 기적수업은 사람들이 좋아하는 것과 반대되며, 에고가 얼마나 틀렸는지를 꼼꼼하게 설명하고자 합니다. 우리 모두는 에고가 자신이라고 굳게 믿고 있기에, 우리는 이 체계에 맞설 것입니다. 그래서 다시 말하지만, 기적수업을 공부하는 학생이 어느 시점에선가 저항이나 어려움을 겪지 않는다면 뭔가 잘못이 있다는 말은 진심으로 하는 말입니다.

기적수업을 처음 받아 적을 무렵에는, 그것에 대해 알고 있는 사람은 문자 그대로 손에 꼽을 정도였고 어쩌면 다섯 손가락을 채울 정도도 되지 않았습니다. 헬렌과 빌은 그것을 절대로 발설해서는 안 될 떳 떳하지 못한 비밀처럼 다루었습니다. 가족이나 친구나 동료 중 이 책에 대해 아는 사람은 거의 없었습니다. 기적수업을 받아 적기 얼마 직전에 그들은 따로 격리된 은밀한 사무실을 배정받았는데 그것도 "계획"의 일부였습니다. 그들은 당시 상당히 바빴음에도 불구하고 업무에 지장을 주지 않고 자료들을 다 처리할 수 있었습니다. 그러나 아무도 그들이 무슨 일을 하고 있는지 눈치 채지 못했습니다. 그들은 문자그대로 그것을 벽장 속에 비밀처럼 숨겨 두었고, 내가 그들과 합류했을 때에도 그것은 여전히 벽장 속에 있었습니다.

헬렌과 빌과 함께 했던 첫 일 년 동안 나는 모든 것이 계획된 대로 될 때까지 전체 원고를 세밀히 검토하면서 보냈습니다. 헬렌과 나는 모든 제목을 점검하고 단어 하나하나를 세밀히 검토했습니다. 이 과정에는 약 1년 정도가 소요되었고, 원고가 끝났을 때 우리는 그것을 다시 타이핑해 두었습니다. 이와 같이 해서 1974년 말인지 1975년 초 무렵에 기적수업 전체가 준비되었습니다. 그러나 우리는 그것이 무엇을 위해 준비된 것인지 알지 못했습니다. 말하자면, 그것은 여전히 공개되지 않은 상태였지만, 우리는 그것이 준비되었다는 것을 알고 있었습니다.

1975년 봄에 다음 인물이 등장했는데, 그 사람은 쥬디스 스카치였습니다. 어떻게 그녀가 나타나게 되었는가 하는 재미있는 이야기는 여기서 하지 않겠지만, 뜻밖의 일은 뜻밖의 일로 이어져서 그녀가 더글러스 딘과 함께 나타나게 되었습니다. 여러분 중에 혹시 유명한 초심리학자인 더글러스를 아는 사람이 있을지도 모르겠습니다. 어느 날 오후 이 두 사람이 다른 볼일로 우리 의료원에 나타났습니다. 우리는 그들에게 기적수업에 대해 알려야 한다고 느꼈고, 그렇게 했습니다. 그 무렵에 기적수업은 거의 우리 손을 떠나 다음 단계를 위해 쥬디스의 손에 넘어간 듯했습니다. 그것이 마침내는 출판으로 이어졌습니다. 출판에 관해서는 우리는 전문적인 기술이 없었고, 그래서 그 일은 우리가 책임질 일이 아니라고 느꼈습니다. 하지만 우리가 출판에 직접 뛰어들지는 않더라도 기적수업이 적절한 사람 손에 들어가 적절한 방식으로 출판되게 하는 것은 우리의 책임이라고 생각했습니다. 출판과 관련된 일은 쥬디스의 역할이었고 그녀는 정말로 그 일을 잘해냈습니다.

　　여러분은 기적수업이 출판된 연도는 1976년인데 판권 연도는 1975년이라는 것을 알아차릴 것입니다. 그해 여름 쥬디스의 친구가 기적수업을 사진 식자로 만들었고, 그 방식으로 인쇄된 책은 300부였습니다. 기적수업이 여러분이 가진 모습으로 인쇄된 것은 1976년입니다. 그것은 "기적"의 연속이었습니다. 이 모든 일이 얼마나 순식간에 일어났는지가 진정으로 "기적 같은" 일이었습니다. 책이 처음 나온 때는 1976년이었고, 현재(2006) 50쇄를 넘겼습니다.

기적수업은 내면의 평화 재단The Foundation for Inner Peace에서 출판과 배포를 합니다. 기적수업은 운동이나 종교가 아닙니다. 기적수업은 또 하나의 교회가 아닙니다. 그보다는 개개인이 하나님께 나아가는 자신의 길을 발견하고 그 원리를 실천하도록 하는 체계입니다. 여러분 대다수가 알고 있듯이, 미국 전역에 걸쳐 기적수업과 관련된 자생 집단들이 있습니다. 그러나 우리는 언제나 권위적인 단체로서 기능하는 그 어떤 조직도 있어서는 안 된다는 점이 매우 중요하다고 느꼈습니다.

우리 가운데 그 누구도 영적 스승의 역할을 맡기를 원하지 않았습니다. 헬렌은 이 부분에 대해 언제나 분명한 태도를 취했습니다. 사람들은 말 그대로 거의 그녀의 발치에 앉아 헬렌은 그들의 머리를 밟을 지경이 되곤 했습니다. 헬렌은 기적수업의 중심에 서는 그 어떤 역할도 진정으로 원하지 않았습니다. 그녀는 기적수업의 중심인물은 예수나 성령이며, 그래야만 한다고 느꼈습니다. 그것은 헬렌에게 매우 중요한 일이었습니다. 다른 무엇을 한다는 것은 교회 형태의 구조를 세우는 것이며, 그것은 기적수업의 저자가 결코 원하지 않는 일일 것입니다.

질문 : 어떻게 여러 사람이 그렇게 오랜 기간 동안 생계를 유지할 수 있었나요?

대답 : 헬렌과 빌은 의료원의 정규 직원이었고, 그곳에서 시간제 직원으로 일했던 나는 시간제 심리치료사로도 활동하였습니다. 나는 맡은 일을 빨리 해치운 다음, 나머지 시간을 헬렌과 함께 편집과 마무리 작업 등을 할 수 있었습니다. 우리는 이 일을 "여가" 시간에 했는데 나는 당시에 우리 직업이 여가였다고 생각합니다. 그렇기는 하지만 기적수업을 작업했던 기간에 헬렌과 빌은 여러 가지 업무로 상당히 바빴습니다.

질문 : 기적수업이 이때 나온 이유에 대해 설명한 것이 있나요? 왜 그때 나왔는지요?

대답 : 네, 있었습니다. 구술 초기에 어 일이 일어나고 있는지 설명이 있었습니다. 헬렌은 "천상의 속도 증가[1]"가 있다는 말을 들었습니다. 세상이 몹시 나쁜 형편에 있다고 예수는 헬렌에게 말했는데, 그것은 주위를 둘러보면 분명합니다. 그때는 1960년대 중반이었는데, 지금은 형편이 더 나빠진 듯합니다. 많은 사람들이 그 당시 힘든 상황에

---

1 "천상의 속도증가"는 〈지복에서 빠져나온 그대 Absence from Felicity〉 287-288, 464-465쪽에 보다 상세한 설명이 나온다.

처해있었고, 일부 특별한 재능을 가진 사람들은 세상의 일을 바로잡는 데 일조하는, 천상의 속도 증가에 기여하도록 요청을 받았습니다. 헬렌과 빌은 이 계획을 위해 자신의 특별한 재능을 바친 수많은 사람 중 두 사람에 지나지 않습니다. 최근 15년여 동안 영감을 받은 것이라고 주장하는 수많은 자료들이 급증하고 있는데, 이 모든 것의 목적은 세상의 본질에 대한 사람들의 마음을 바꾸는 것을 돕는 것입니다. 다시 말하지만, 기적수업은 수많은 길 중 하나일 뿐입니다. 이 점이 중요합니다. 내가 이 점을 강조하는 것은 기적수업이 다루는 가장 어려운 문제, 즉 특별한 관계 때문인데, 그것은 잠시 뒤에 다루겠습니다. 기적수업과 특별한 관계를 형성하고 그것을 부정적인 의미에서 정말로 특별한 것으로 만들고자 하는 유혹에 끌리기 쉽습니다. 나중에 특별한 관계에 대해 이야기할 때 이 점이 더욱 명확해질 것입니다.

2장
한마음: 천국의 세계

기적수업은 세 가지 별개의 사고체계를 기술하고 있기 때문에 기적수업을 세 부분으로 나누어 설명하면 이해하기 수월할 것입니다. 천국 세계를 나타내는 한마음, 에고의 사고 체계를 나타내는 그른 마음, 성령의 사고체계를 말하는 바른 마음이 그것입니다.

또한, 기적수업이 두 수준 (다음 페이지의 도표 참조)에서 쓰였음에 유의하는 것이 좋습니다. 첫 번째 수준은 한마음과 분열된 마음의 차이를 보여주는 반면, 두 번째 수준은 그른 마음과 바른 마음을 대조하고 있습니다. 예를 들어, 첫 번째 수준에서는 이 세상과 몸을 에고가 만들어 낸 허상으로 간주합니다. 따라서 그 둘은 하나님과의 분리를 상징합니다.

두 번째 수준은 우리가 존재하는 곳으로 믿고 있는 이 세상과 관련이 있습니다. 이 수준에서는 세상과 몸은 중립적이며 두 가지 목적 중 하나에 기여할 수 있습니다. 그른 마음의 에고에게는 세상과 몸은 분리를 강화하는 데 사용되는 도구들입니다.

반면 바른 마음에게는, 세상과 몸은 성령이 사용하는 학습 도구이며, 우리는 그것을 통해 성령의 가르침인 용서를 배웁니다. 그러므로 두 번째 수준에서는 허상이란 에고의 잘못된 지각을 지칭하며, 예를 들면 사랑을 청하는 요청 대신 공격을 보고, 오류 대신 죄를 보는 것입니다.

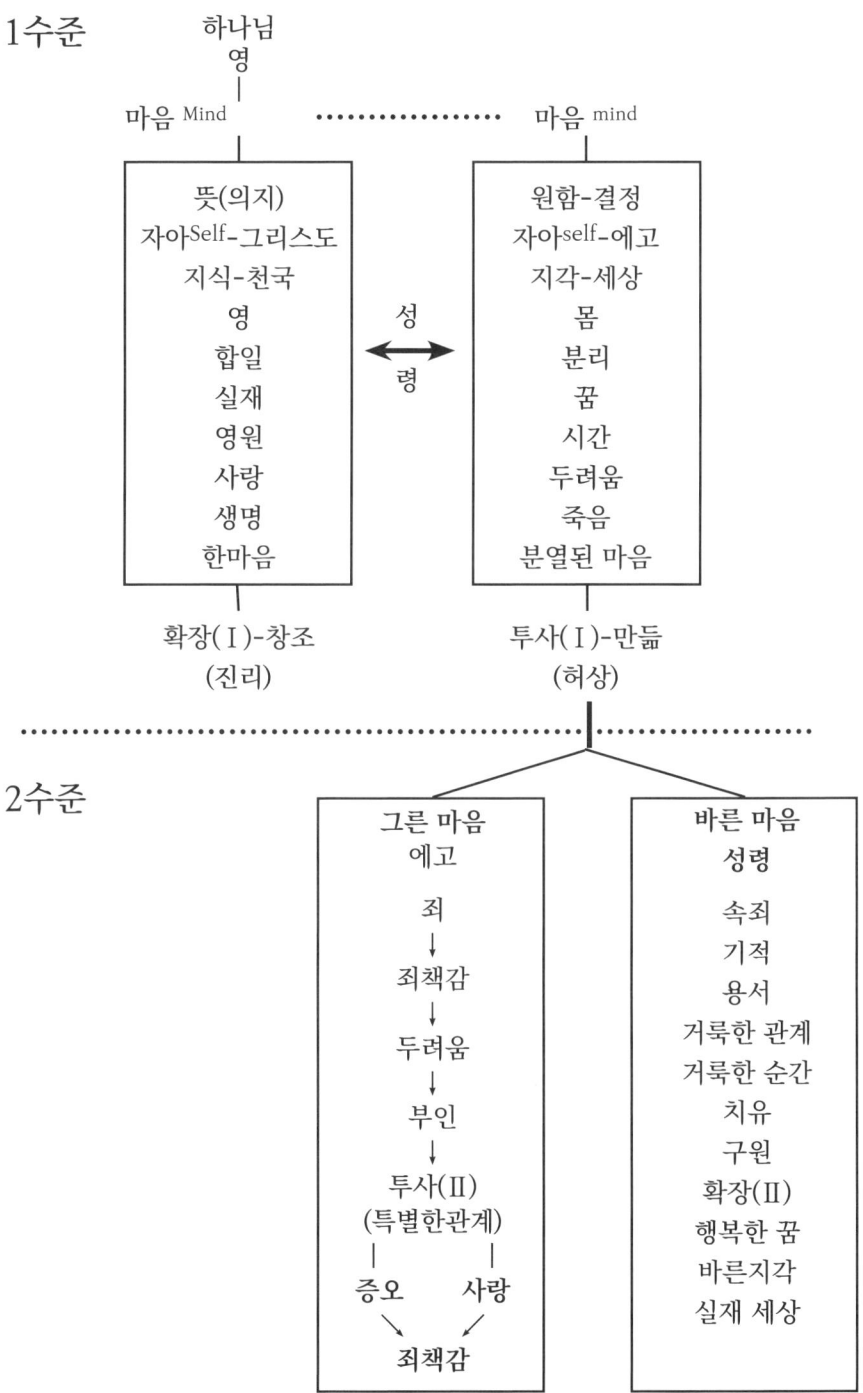

한마음 : 천국의 세계

이것을 염두에 두고, 기적수업의 세 가지 사고체계에 대해 검토해 나가기로 합시다. 그럼 사실상 유일한 사고체계이며, 교과서의 처음에 그리스도 또는 하나님의 한마음으로 묘사되는 첫 번째 사고체계로 시작하겠습니다. 그것은 이 세상과는 아무런 관계가 없는 사고체계입니다. 나는 이 사고체계에 대해서는 지금 간단히 언급하고 넘어가려고 하는데, 사실 그것은 기적수업의 주안점이 아니기 때문입니다. 비록 한마음이 기적수업의 기반이고 기초이지만, 그것은 배울 수 있는 것이 아닙니다.

한마음은 기적수업이 지식이라 일컫는 천국 세계입니다. 처음 기적수업을 접했을 때 느끼게 되는 어려움 중 하나는 기적수업이 우리가 일상적으로 사용하는 방식으로 단어들을 사용하지 않는다는 점입니다. 만약 기적수업의 단어들을 여러분이 알고 있는 식으로 이해한다면 내용을 파악하기가 무척 어려울 것입니다. 기적수업은 "죄", "세상", "실재", "하나님", "예수", "지식" 등의 단어를 우리가 일상적으로 사용하는 것과는 약간 다르게 사용합니다. 기적수업을 공정하게 평가하고 그 내용을 이해하려면, 여러분은 기적수업에 동의하든 하지 않든 그 단어의 의미와 그것이 기적수업의 맥락 안에서 어떻게 사용되는지를 이해해야 합니다.

그런 단어 중의 하나가 지식knowledge입니다. 기적수업은 "지식"을 우리가 통상적으로 이해하듯이 사용하지 않습니다. 지식은 오직 하나님을 가리키며, 지식의 세상은 이 세상과는 아무 관계가 없습니다. 지식은 믿음이나 사고체계가 아닙니다. 지식은 경험으로, 이 세상 모든 것을 완전히 초월한 경험입니다. 그러므로 천국 세계, 지식 세계 혹은 하나님의 영의 세계는 다 같은 것을 지칭합니다. 기적수업이 영의 세계에 대해 말할 때, 그것은 물질세계와는 아무런 관계가 없습니다. 영이 우리의 진정한 실재이며, 우리의 진정한 집이요, 영은 우리가 이곳에서 우리의 실재라고 경험하는 것과는 아무런 관계가 없습니다.

천국, 혹은 지식 세계에서 중심 개념은 삼위일체입니다. 기적수업이 삼위일체를 어떻게 정의하는지를 간략하게 설명하기에 앞서, 많은 사람들이 거부감을 느끼는 부분에 대해 살펴봅시다. 사람들은 기적수업의 주제와 전반적인 사상이 우리가 하나라는 보편적 본질이라면, 왜 굳이 기독교라는 특정 형태로 왔냐고 묻습니다.

이 물음에 대한 답은 기적수업의 근본 원리의 관점에서 보면 이치에 맞습니다. 즉 오류는 발견된 곳에서 바로잡아야 한다는 것입니다. 서구사회에서 가장 지배적인 영향력을 행사하는 사상이 기독교라는 점에는 의문의 여지가 없습니다. 여러분이 자신을 기독교인으로 여기든 기독교인으로 여기지 않든, 역사상 세상에서 기독교보다 더 막강한 사고체계는 없었습니다. 세상에서, 특히 서구 사회에서는 기독교의 영향을 깊이 받지 않은 사람이 없습니다. 우리는 기독교인이든 아니든 기독교 세상에 살고 있습니다. 우리가 사용하는 달력도 예수의 탄생과 죽음에 근거하고 있지 않습니까? 하지만 교회의 역사에서 보듯이, 기독교는 결코 기독교적이지 않았음은 두 말할 필요도 없습니다.

기독교가 이처럼 막대한 영향을, 그것도 지극히 기독교적이지 않은 영향을 세상에 끼쳐왔고 지금도 여전히 끼치고 있기에, 세상의 사고체계를 근본적으로 바꾸기 위해 무언가 하려면 먼저 기독교의 오류를 해제하는 것이 필수입니다. 그것이 바로 기적수업이 기독교적 형태로 온 이유라고 나는 믿습니다. 그러므로 기독교 배경을 가진 사람이 기적수업을 읽는다면 기적수업이 말하는 기독교와 그 사람이 배운 기독교와는 아무런 관계가 없다는 것을 좀 더 일찍 알아차릴 것입니다. 헬렌의 남편이자 독실한 유대교 신자였던 루이스는 언젠가 내게, 기독교가 기적수업과 같았더라면 반유대주의는 없었을 것이라고 말한 적이 있습니다. 거기에는 의심의 여지가 없습니다.

이처럼 기적수업은 기독교로 인해 야기된 오류를 바로잡기 위해 기독교 형태로 온 것입니다. 기적수업 전반에 걸쳐, 특히 교과서의 앞 장(章)들에서는 800여 개가 넘는 수많은 성서 문구를 인용하고 있는데, 그 중 상당수를 재해석하였습니다. 3장과 6장의 도입부에는, 예수가 자신의 십자가형에 대해 사람들이 잘못 이해하는 부분을 설명하고, 오해를 바로잡는 강력한 절節들이 있습니다 (T-3.I; T-6.1). 예수는 왜 사람들이 그런 식으로 오해했는지, 그리고 그러한 실수에서 어떻게 그런 엄청난 사고체계가 일어났는지를 설명합니다. 예수의 설명은 전통적인 기독교의 관점과는 다르지만, 그 원리들은 그가 원래 의도했던 바였다는 의미에서 기독교적입니다.

그것이 바로 기적수업이 기독교적인 형태를 띠는 이유이자, 교과서를 통해 수차례 우리가 예수를 용서해 주기를 바란다고 말한 이유입니다. 그것은 여러분이 기독교인이든 유대인이든 무신론자이든 간에 다 해당됩니다. 이 세상 어느 누구도, 자신이 의식하건 의식하지 못하건 간에, 어느 수준에서 예수를 적으로 여기지 않는 사람은 없습니다. 그것은 사람들이 예수가 구술한 기적수업을 적대적으로 대하는 것과 같은 이유에서입니다. 즉 예수는 에고 사고 체계의 근본을 위협하기 때문입니다. 그러므로 전통적 기독교를 넘어서려면 우리는 먼저 기독교를 용서해야 합니다. 이는 기적수업의 원리에도 전적으로 합당할 것입니다.

기적수업이 기독교 용어를 사용한다는 점은 거의 모든 사람에게 걸림돌입니다. 유대인의 경우, 그들은 일찍이 "예수"를 부정적인 단어로 배웠기에 기독교 용어가 명백히 걸림돌이 됩니다. 기독교인의 경우, 기적수업은 그들이 알아 온 기독교와는 다른 형태의 기독교로 표현하고 있기에 마찬가지로 걸림돌이 됩니다. 무신론자에게도 그것은 분명 문제가 됩니다. 결국, 기적수업의 형태 때문에 곤란을 겪지 않는 사람은 없습니다. 그러므로 기적수업이 기독교 용어라는 형태로 적힌 것은 의도적입니다. 예수가 자신이 기적수업의 저자임을 전혀 숨기지 않은 것도 우연이 아닙니다. 그 목적은 실은 세상이 예수를 용서하고, 예수를 잘못 해석한 세상 자신도 용서하는 것을 돕기 위해서입니다.

질문 : 기적수업은 왜 시적인 운율을 띠고 있습니까?

대답 : 헬렌은 셰익스피어 광이었습니다. 기적수업의 여러 곳에서 볼 수 있는 약강 5보격의 운율은 셰익스피어 문체입니다. 또한 셰익스피어 희곡을 빗대어 말한 곳이 몇 군데 있으며, 인용되는 성서 문구는 킹 제임스판 (KJV)입니다. 기적수업은 성경의 가르침과 놀랄 만큼 유사한 부분도 있긴 하지만, 앞에서 말했듯이 우리가 흔히 전통 기독교라 부르는 기독교와는 분명 차이가 있습니다.

마지막으로, 기적수업은 기독교를 교정하려는 목적 때문에 삼위일체를 가리킬 때 의도적으로 기독교 용어를 사용하고 있는데, 그것은 남성형 명사입니다. 이 점 때문에 많은 사람들이 거부감을 느낍니다. 그런데 거기에는 두 가지 이유가 있습니다. 하나는 유대교와 기독교가 남성형 명사를 사용하고 있고 기적수업은 그저 그것을 받아들였을 뿐이라는 점입니다. 두 번째 이유는 기적수업의 많은 부분이 운문韻文 형태로 쓰였기에 번번이 "그 또는 그녀"로 표기한다는 것은 운율에 방해가 된다는 점입니다. 그것은 영어 문법의 한계이기도 합니다. 예를 들어 어떤 사람을 언급하고 다음 문장에서 그 사람을 대명사로 받아서 다시 언급하려면, 문법상 남성 대명사를 사용해야 합니다. 이것은 영어의 문체가 그래서 기적수업은 그저 이를 따르는 것일 뿐입니다. 장담하지만, 기적수업의 저자는 성차별주의자가 아닙니다. 예수는 남성우월주의자가 아닙니다.

삼위일체의 제일위第一位는 물론 하나님입니다. 하나님은 모든 존재의 근원입니다. 기적수업은 하나님을 종종 아버지로 부르는데, 이것 역시 명백히 유대-기독교 전통을 따른 것입니다. 하나님을 또한 창조주라 부르기도 하며, 모든 것은 하나님으로부터 옵니다. 하나님은 본질적으로 순수 영입니다. 하나님은 변함없고, 형태가 없으며, 영원하고, 영이기에 그러한 속성을 함께 나누지 않는 것은 실재일 수 없습니다. 기적수업이 이 세상은 실재가 아니고 하나님이 창조하신 게 아니라고 말하는 이유는 바로 그 때문입니다. 세상은 변합니다. 세상은 영원하지 않으며, 물질적입니다. 따라서 세상은 하나님께 속할 수 없습니다.

삼위일체의 제이위第二位는 그리스도입니다. 창조란 하나님께서 다만 당신 자신을 자연스럽게 확장하시는 것입니다. 영의 자연스러운 상태는 확장하고 흐르는 것입니다. 하나님의 확장이 창조이며, 창조물은 하나님의 아들 즉 그리스도라고 합니다. 이것을 이해하기 어려운 이유는 우리는 이 세상의 단어와 개념밖에 사용할 수 없는데, 이 세상은 시간과 공간의 제약을 받는 지각의 세계이기 때문입니다. 지각 세계는 우리가 천국의 대체로서 만든 물질 우주입니다. 그것은 하루의 워크샵에서 상세히 다루기에는 버거운 주제입니다.

천국에는 시간과 공간이 없습니다. 하나님의 확장을 상상하며 우리가 떠올릴 수 있는 유일한 이미지는 시간적이고 공간적인 것인데, 그것은 정확하지 않을 것입니다. 이런 경우에 기적수업은 이해될 수 없는 것은 이해하려고 시도조차 하지 말라고 말합니다. 연습서에서 "의미 없는 생각"(W-pI.139.8:5)이라는 말을 사용하는데, 사실상 그것은 의미 없는 생각에 지나지 않습니다. 기적수업에 따르면, 오직 계시를 경험함으로써 우리는 진리를 깨칠 수 있습니다. 그러나 진리를 깨친 다음에도 우리는 그것을 말로 표현할 수 없을 것입니다. 말이란 상징을 상징할 뿐이며, 따라서 실재 상태로부터 두 번 옮겨졌습니다 (M-21.1:9-10).

하나님의 아들 즉 그리스도 역시 자신을 확장합니다. 하나님의 확장이 하나님의 아들이고, 그가 바로 그리스도입니다. 그리스도는 하나입니다. 유일하신 하나님과 독생자만이 있습니다. 달리 표현하면, 하나님께서 당신의 영을 확장하는 비슷한 일을 하나님의 아들도 한다는 것입니다. 그런데 여기서 우리는 기적수업에서 가장 모호한 용어 중의 하나와 마주치게 되는데, 그것은 바로 "창조물들creations"이라는 용어입니다. 기적수업이 창조물들이라 할 때 그것은 그리스도 영의 확장들을 말합니다. 하나님께서 그리스도를 창조하셨듯이, 그리스도 역시 창조합니다. 천국에서의 그리스도 확장들이 창조물들입니다. 그것은 기적수업이 설명하려고 하지 않는 부분입니다. 여러분이 이 단어를 볼 때, 그것이 영의 자연스러운 확장 과정을 의미한다는 것을 아는 것으로 충분합니다.

기적수업이 분명하게 밝히고 있는 매우 중요한 한 가지 점은 우리는 그리스도로서 하나님처럼 창조하지만, 우리가 하나님을 창조하지는 않았다는 것입니다. 우리는 하나님의 아들이지 근원Source이 아닙니다. 근원은 오직 하나이고, 그것이 곧 하나님입니다. 우리가 신이며, 존재의 근원이라고 믿는 것은 정확히 에고가 원하는 것이며, 그것은 우리가 자율적이며 하나님이 우리를 창조하셨듯이 우리도 하나님을 창조할 수 있다고 믿는 것입니다. 그것을 믿는다면, 이는 자신을 실재의 창시자라고 말하는 것이기에, 여러분은 빠져나갈 길이 없는 폐쇄된 회로를 설정하는 것입니다. 기적수업이 권위문제authority problem라 부르는 것이 바로 그것입니다. 우리는 우리 실재의 창시자가 아닙니다. 창시자는 하나님입니다. 일단 우리가 곧 신이라고 믿는다면, 우리는 하나님과 겨루는 위치에 서게 되고, 그렇게 되면 정말로 문제를 떠안게 됩니다. 그것이 물론 원原오류라고 하는 것인데, 그 부분은 조금 뒤에 다루겠습니다.

태초에는, 이는 물론 시간을 초월하는 것이지만, 하나님과 그의 아들만이 존재했습니다. 그것은 마치 천국에서 행복하게 사는 대가족과 같았습니다. 어느 이상한 순간에, 실제로 그런 순간은 결코 일어나지 않았지만, 하나님의 아들은 아버지에게서 분리될 수 있다고 믿었습니다. 그것이 바로 분리가 일어난 순간입니다. 기적수업이 말하듯이 진실로는 결코 분리는 일어날 수 없었습니다. 하나님의 부분이 어떻게 하나님에게서 떨어져 나올 수 있었겠습니까? 하지만 우리 모두가 여기에 있다는, 또는 여기에 있다고 생각한다는 사실은 무언가 다른 것을 나타내는 듯이 보입니다. 기적수업은 사실상 이 분리를 설명하지 않고, 다만 지금 상태가 그러하다고 말할 뿐입니다. 어떻게 불가능한 일이 일어날 수 있었느냐고 묻지 마십시오. 왜냐하면, 그것은 일어날 수 없었기 때문입니다. 여러분이 어떻게 그것이 일어날 수 있었느냐고 묻는 순간, 여러분은 다시 오류 한가운데로 들어가게 됩니다.

우리의 사고방식에서는, 분리는 일어난 듯이 보이며 분리는 일어났습니다. 우리가 우리 자신을 하나님으로부터 분리해냈다고 믿은 바로 그 순간, 우리는 완전히 새로운 사고 체계를 설정했고 (이 점에 대해서는 잠시 후 설명하겠습니다) 하나님은 이 실수를 해제하기 위해 당신의 교정His Correction을 보내셨습니다. 그가 바로 삼위일체의 제삼위第三位입니다. 여기에 대해 좀 더 공부하고 싶다면 교과서 5장에 아주 잘 설명되어 있습니다. 거기서 예수는 처음으로 성령에 대해 구체적으로 언급하면서 성령의 역할을 설명하고 있습니다. 성령은 분리에 대한 답입니다. 기적수업 원서에서 대문자로 쓰인 "답Answer"을 읽을 때는 언제든지 그것을 "성령"으로 대체해도 됩니다.

기적수업은 성령을 하나님과 하나님의 분리된 아들을 이어주는 소통 고리로 묘사합니다 (T-6.I.19:1). 성령이 답Answer이요 분리를 해제하는 이유는 우리는 우리가 실제로 하나님으로부터 분리되어 있다고 믿기에, 하나님은 거기 계시고 우리는 여기 있다고 믿기에, 성령은 우리가 있다고 믿는 곳과 우리가 진실로 있는 곳을 잇는 고리로 활동하기 때문입니다. 연결고리가 있다는 사실이 우리가 분리되지 않았음을 말해줍니다. 그러므로 분리가 일어났다고 우리가 믿은 그 순간 하나님은 동시에 그것을 해제하셨습니다. 그러므로 분리의 해제가 바로 성령입니다.

자, 이상이 한마음이라는 사고체계입니다. 그것은 앞으로 다루게 될 나머지 모든 것의 토대입니다. 그것은 이해할 수 있는 것이 아니라, 그저 받아들여야 합니다. 우리 모두가 천국에 돌아가면 우리는 그것을 이해할 것이고, 그때에는 아무런 의문도 없을 것입니다.

3장
그른 마음: 에고의 사고체계

기적수업을 이해하려면 반드시 알아야할 두 사고체계는 그른 마음과 바른 마음입니다. 앞에서 언급했듯이, 그른 마음은 에고와 같다고 할 수 있습니다. 바른 마음은 성령의 사고체계와 같다고 할 수 있는데, 그것은 곧 용서입니다. 에고의 사고체계는 그다지 행복한 사고체계가 아닙니다. 기적수업이 매우 명확하게 밝혔듯이, 에고와 성령의 사고체계는 둘 다 완벽하게 논리적이고, 그 자체로는 모순이 없습니다. 하지만 그 둘은 상호 배타적입니다. 에고의 체계가 어떤 논리인지 정확하게 파악하는 것이 매우 유용한데, 왜냐하면 에고의 사고체계는 매우 논리적이기 때문입니다. 그리고 일단 논리적 흐름을 파악하게 되면, 교과서에서 모호해 보이는 많은 것이 매우 명확해질 것입니다.

기적수업을 공부하면서 느끼는 어려움 중의 하나는 기적수업이 다른 사고체계와 같지 않다는 점입니다. 대부분의 사고체계는 간단한 관념들로 시작하고 그 관념들이 쌓이면서 점점 더 복잡해지는 선형 방식으로 전개됩니다. 기적수업은 그렇지 않습니다. 기적수업의 사고체계는 원형 방식으로 제시됩니다. 그것은 마치 같은 자료를 계속해서 맴도는 것처럼 보입니다.

우물을 떠올려보십시오. 여러분은 우물 안을 빙빙 돌면서 점점 더 깊이 내려가 마침내 바닥에 닿게 됩니다. 이 우물의 바닥이 곧 하나님일 것입니다. 하지만 여러분은 같은 원 주위를 계속 돌아서 내려갑니다다. 여러분은 더 깊이 내려가면서 에고 체계의 기반암^{基盤巖}에 더 가까워집니다. 하지만 그것은 언제나 같은 것입니다. 그래서 기적수업의 교과서는 같은 것을 다시 또다시 말하는 것입니다. 그것을 첫 번째에 혹은 백 번째에 이해한다는 것은 거의 불가능하기에, 여러분은 622페이지가 필요합니다. 이것은 하나의 과정이며, 기적수업이 다른 영적 체계와 구별되는 점 중의 하나입니다. 기적수업은 매우 지적인 사고 체계로 제시되고 있긴 하지만, 사실은 경험과 관련된 과정입니다. 그것은 다른 체계를 공부하는 방식으로 공부하기보다는 이 우물 주위로 이끌리도록 교육적인 관점에서 그런 방식으로 쓰인 것입니다. 기적수업을 공부해 나가는 과정에서, 그리고 자신의 삶의 과제들을 해결해 나가는 과정에서, 우리는 기적수업이 말하는 것을 더 깊이 이해하게 될 것입니다. 그럼에도 불구하고, 나는 에고의 사고체계를 선형적인 관점에서 면밀히 검토하여, 그 사고체계가 어떻게 형성되는지 이해하는 것이 유익하다고 생각합니다. 그러면 교과서를 읽어갈 때, 더욱 쉽게 이해할 수 있을 것입니다.

죄, 죄책감, 두려움

에고의 사고체계를 이해하는 데에는 세 가지 핵심 관념이 있습니다. 그것은 죄와 죄책감과 두려움으로, 에고의 전체 체계의 기반입니다다. 기적수업에서 "죄"라는 단어를 보면 언제나 "분리"로 대체해도 됩니다. 두 단어의 의미는 같기 때문입니다. 궁극적으로 모든 죄책감의 근원이며 가장 크다고 여기는 죄는 하나님으로부터 분리되어 있다는 믿음의 죄로, 조금 전에 언급했던 주제입니다. 그것은 교회들이 "원죄"라고 가르쳐왔던 것과 대략 같습니다. 창세기 3장은 에고가 어떻게 탄생했는지를 완벽하게 보여줍니다. 사실 기적수업도 교과서 2장 1절에서 이를 다루고 있습니다 (T-2.I.3-4).

에고의 기원은 우리가 우리 자신을 하나님으로부터 분리했다는 믿음입니다. 죄란 우리가 우리 자신을 창조주로부터 분리해서 우리의 진정한 자아^{Self}로부터 분리된 자아를 세웠다는 믿음입니다. 자아^{Self}와 그리스도는 동의어입니다. 영문에서 대문자로 표기된 "자아^{Self}"를 보면 그리스도로 대체해도 됩니다.

우리는 우리의 자아를 확립해서 그것을 우리의 진정한 정체라고 믿으며, 우리는 이 자아가 우리의 실재 자아^{Self}와 하나님으로부터 자율적이라고 믿습니다. 그것은 우리 자신이 하나님으로부터 분리된 개체라는 믿음이며, 세상의 모든 불행은 여기서 시작됩니다. 일단 우리가 이 죄를 지었다고 믿으면, 혹은 우리가 어떤 죄라도 지었다고 믿으면, 우리가 범했다고 믿는 것에 대해 죄책감을 느끼는 것은 심리적으로 피할 수 없는 일입니다. 어떤 의미에서, 죄책감은 죄를 지었다는 경험이라고 정의할 수 있습니다. 그러므로 우리는 기본적으로 죄sin와 죄책감guilt을 동의어로 사용할 수 있습니다. 일단 우리가 죄를 지었다고 믿으면, 우리 자신을 죄인이라고 믿으면서 죄책감으로 인식되는 것을 느끼지 않을 수 없습니다.

일반적으로 죄책감이란 무언가 했거나 하지 않았던 일에 대해 가책을 느낀다는 의미로 사용되지만, 기적수업은 이와는 다른 의미로 사용합니다. 죄책감은 언제나 과거의 특정한 무엇과 결부되어 있습니다. 그러나 이렇게 의식 속에서 죄책감을 경험하는 것은 빙산의 일각에 지나지 않습니다. 빙산을 떠올려보십시오. 바다 표면 아래에 있는 거대한 덩어리가 죄책감을 상징한다고 할 수 있습니다. 죄책감이란 부정적인 감정, 믿음, 우리 자신에 대해 갖고 있는 경험의 총합입니다. 그러므로 자기혐오 혹은 자기거부의 어떠한 형태라도 죄책감이라 할 수 있습니다. 무능하다는 느낌, 실패자라는 느낌, 공허함, 우리에게 부족한 게 있거나 빠진 것 혹은 불완전한 게 있다는 느낌 모두가 여기에 해당합니다.

죄와 관련된 이러한 느낌들 즉 죄책감은 대부분 무의식적입니다. 그래서 빙산의 이미지가 매우 유용합니다. 우리가 우리 자신을 얼마나 썩어빠졌다고 진정으로 믿고 있는지는 대부분 의식적인 마음의 표면 아래에 놓여 있는데, 의식적인 마음은 이러한 것들을 우리에게 사실상 다가오지 못하게 합니다. 이 죄책감의 궁극적인 근원은 우리 자신을 하나님에게서 분리함으로써 하나님께 죄를 지었다는 믿음입니다. 그 결과, 우리는 자신을 다른 사람들과 분리되고 우리의 진정한 자아^{Self}와도 분리된 것으로 보게 됩니다.

일단 죄책감을 느끼면 우리는 우리가 했다고 믿는 끔찍한 것 때문에, 그리고 우리 자신이라고 믿는 끔찍한 것 때문에 벌 받을 것이라고 믿지 않을 수 없습니다. 기적수업이 가르치듯이, 죄책감은 언제나 처벌을 요구합니다. 일단 죄책감을 느끼면, 우리는 우리의 죄 때문에 벌 받아야 한다고 믿을 것입니다. 심리적으로 볼 때 그 단계는 피할 수 없습니다. 그렇게 되면 우리는 두려울 것입니다. 모든 두려움은 그 원인이 세상에서 무엇으로 보이든지, 자신이 한 일 혹은 하지 않았던 일 때문에 벌 받아야 한다는 믿음에서 옵니다. 그러면 어떤 벌을 받게 될지 두려워하게 될 것입니다.

우리가 하나님께 죄를 지었다고, 우리 자신을 하나님에게서 분리함으로써 하나님께 죄를 지었다고 우리는 믿기에, 우리를 벌하실 분은 하나님이라고 믿게 됩니다. 성경을 읽다 보면 하나님의 진노와 복수를 무섭게 묘사한 구절들을 발견하게 되는데, 그 뿌리가 바로 여기에 있습니다. 하나님은 오직 사랑이시기에, 그러한 구절들은 하나님의 본성과는 아무런 관계가 없습니다. 하지만 그것은 우리의 죄책감을 하나님께 투사하는 것과는 대단히 밀접한 관계가 있습니다. 에덴동산에서 아담과 이브를 쫓아낸 이는 하나님이 아니었습니다. 그들을 에덴동산에서 쫓아낸 이는 아담과 이브 자신이었습니다.

일단 우리가 하나님께 죄지었다고 믿으면, 우리 모두가 그러한데, 우리는 또한 하나님께서 우리를 벌하신다고 믿기 마련입니다. 기적수업은 평화를 가로막는 네 가지 장애물에 대해 말하는데, 마지막 장애물은 하나님에 대한 두려움입니다 (T-19.IV-D). 우리가 한 일은 물론 하나님을 두려워함으로써 사랑의 하나님을 두려움의 하나님으로, 증오와 벌과 복수의 하나님으로 바꿔버린 것입니다. 에고가 우리에게 바라는 일이 바로 이것입니다. 일단 우리가 죄책감을 느끼면, 그 죄책감이 어디서 왔다고 믿든지 상관없이, 우리는 또한 우리에게 죄가 있다고 믿을 뿐 아니라 하나님이 우리를 죽일 것이라고 믿게 됩니다. 그리하여 사랑의 아버지시며, 우리의 유일한 친구인 하나님이 우리의 적이 되었습니다. 그리고 하나님은 상대하기에 무척 벅찬 적이라는 것은 말할 필요도 없습니다. 다시 말하지만, 이것이 여러분이 성서에서든 어디서든 하나님이 벌하신다고 여기는 믿음의 기원입니다. 하나님을 벌하시는 아버지로 믿는 것은 하나님도 우리가 가진 에고의 특성을 지녔다고 보는 것입니다. 볼테르가 말했듯이 "하나님은 당신의 모습대로 사람을 창조하셨고, 사람도 자신의 모습대로 하나님을 창조했습니다." 우리가 창조한 그 하나님은 사실은 우리 에고의 모습입니다.

그런 엄청난 두려움과 공포, 그리고 그런 엄청난 자기혐오와 죄책감을 의식하면서 이 세상에 생존할 수 있는 사람은 없습니다. 그런 엄청난 불안과 공포를 안고 산다는 것은 절대 불가능할 것입니다. 그것은 우리를 그저 파멸시키고 말 것입니다. 따라서 그것을 극복할 수 있는 길이 있어야만 합니다. 왜냐하면 우리는 하나님께 도움을 청할 수 없기 때문입니다. 에고의 사고체계 안에서 이미 하나님을 우리의 적으로 삼은 우리는 이제 에고에게 기댈 수밖에 없습니다. 우리는 에고에게 가서 "보세요, 당신이 뭔가 해줘야겠어요. 나는 내가 느끼는 이 모든 불안과 공포를 감당할 수 없어요. 도와줘요!"라고 요청합니다. 에고는, 자신에게 걸맞게, 사실 전혀 도움이 되지 않지만 그럴듯해 보이는 도움을 줍니다. "도움"은 두 가지 형태로 옵니다. 우리는 바로 여기서 프로이드의 공헌을 이해하고 감사할 수 있습니다.

부인과 투사

나는 요즘 악평을 받고 있는 프로이드에 대해 좀 좋게 평가해야 한다고 생각합니다. 사람들은 융이나 다른 비 전통심리학자에 대해서는 열광하는데, 그게 맞는 것이기는 하지만, 프로이드는 뒷전으로 밀려나 버렸습니다. 하지만 기적수업에 나오는 에고에 대한 기본적인 이해는 프로이드 학설에 직접 기반을 두고 있습니다. 프로이드는 매우 뛰어난 학자였습니다. 프로이드가 없었다면 기적수업은 없었을 것입니다. 융도 프로이드와의 그 모든 문제에도 불구하고, 자신은 다만 프로이드의 어깨를 디디고 서 있을 뿐이라고 말했습니다. 그것은 프로이드 이후의 모든 학자에게도 해당합니다. 프로이드는 에고가 어떻게 기능하는지를 매우 체계적이고 논리적으로 설명하였습니다.

프로이드는 "에고"라는 단어를 기적수업이 사용하는 방식과는 다르게 사용한다는 것을 잠시 언급하고 넘어가겠습니다. 기적수업에서 사용하는 "에고"는 동양에서 쓰는 방식과 어느 정도 비슷합니다. 달리 말하면, 에고는 소문자 자아self를 말합니다. 프로이드의 에고는 정신psyche의 부분으로, 정신은 이드 (무의식)[1], 상위에고 (양심)[2], 에고로 구성되어 있습니다. 기적수업이 말하는 에고는 이 모두를 통합하는 마음의 부분입니다. 기적수업의 "에고"는 프로이드가 말하는 정신psyche 전체와 대략 비슷합니다. 여러분이 기적수업을 공부하려면 이렇게 바꿔 이해해야 합니다.

프로이드가 했던 실수 하나가 실로 엄청난 실수가 되고 말았습니다. 그는 전체 정신psyche이 우리의 진정한 실재인 참 자아Self에 대한 방어였다는 것을 인식하지 못했습니다. 프로이드는 자신의 영성이 너무 두려운 나머지 사실상 영이 전혀 침범할 수 없는 사고체계를 구축

---

[1] 이드 (id) : 에고의 기저基底를 이루는 본능적 충동을 말함.
[2] 슈퍼에고 (superego) : 에고를 감시하는 무의식적 양심.

해야만 했고, 실제로 그렇게 했습니다. 하지만 그는 정신 혹은 에고가 어떻게 작용하는지를 설명하는 데 있어서 절대적으로 뛰어난 사람이었습니다. 그의 실수는 다시 말하지만, 모든 것이 하나님에 대항하는 방어였다는 것을 인식하지 못했다는 것입니다. 오늘 우리가 에고에 대해 이야기하고 있는 것은 프로이드가 말했던 것에 기반을 두고 있습니다. 우리 모두가 그에게 감사해야 할 엄청난 신세를 지고 있는 것입니다. 프로이드의 공헌 중 특히 주목할 만한 것은 방어기제로, 우리가 죄책감과 두려움에 대항하여 자신을 어떻게 방어하는지를 이해하는 데 도움이 됩니다.

우리가 도움을 청하러 에고에게 갔을 때 우리는 프로이드 책을 펼쳐 많은 도움이 될 두 가지를 발견하게 됩니다. 첫 번째는 억압 또는 부인입니다. (기적수업은 억압이라는 용어를 결코 사용하지 않고 부인을 사용합니다. 하지만 여러분은 둘 중 어느 것을 써도 무방합니다.) 죄책감과 죄의 느낌, 우리가 느끼는 모든 공포에 대해 우리가 하는 것은 그것이 없다고 믿는 것입니다. 우리는 그저 자각하지 못하게 그것을 눌러버리는데, 바로 이것이 억압 또는 부인입니다. 우리는 그저 그것이 있다는 것을 자신에게 부인합니다. 예를 들자면, 마루를 빗질하기가 너무 귀찮아 카펫 아래로 쓰레기를 밀어 넣어 버리고는 쓰레기가 없다고 믿는 것입니다. 또는 겁에 질린 타조가 위협적인 것을 보지 않으려고 혹은 그것에 대해 대처하지 않으려고 머리를 모래 속에 박아버리는 것입니다. 그런데 이것은 당연히 효과가 없습니다. 쓰레기를 계속 카펫 아래로 밀어 넣으면 카펫은 울퉁불퉁해져서 결국에는 걸려 넘어지게 되고, 머리를 모래 속에 박고 있다가는 심하게 다칠 수 있습니다.

그러나 우리는 어떤 수준에서는 우리의 죄책감이 여전히 있다는 것을 알고 있습니다. 그래서 우리는 에고에게 다시 가서 "부인이 정말 좋았어요. 하지만 뭔가 다른 것을 해줘야겠어요. 이렇게 죄책감이 쌓이면 나는 폭발하고 말 거예요. 제발 도와줘요."라고 말합니다. 그러면 에고는 "네게 딱 맞는 것이 있다."라고 말하면서 프로이드의 꿈의 해석 어딘가를 펼쳐 보라고 하면, 우리는 거기서 투사라는 용어를 발견할 것입니다. 기적수업에서 투사보다 그 이해가 중요한 개념은 없을 것입니다. 투사를 이해하지 못하면 기적수업의 한마디도 이해할 수 없습니다. 에고가 기능하는 차원이든 에고가 한 것을 성령이 해제하는 차원이든, 투사는 간단히 말해 자신의 내부에서 무언가를 꺼내어 그것은 정말로 거기에 없다고, 그것은 외부에, 내 속에 있는 것이 아니라 다른 누군가에게 있다고 말하는 것을 의미합니다. 투사는 말 그대로 던져버리는 것, 무언가에서 꺼내어 무언가를 향해 세게 내던지는 것을 의미하는데, 이것이 바로 우리 모두가 투사할 때 하는 일입니다. 우리는 우리에게 있다고 믿는 죄의 책임 혹은 죄많음을 꺼내어 "이것은 실은 내게 있는 게 아니라 네게 있다. 나는 죄인이 아니다. 네가 바로 죄인이다. 내가 얼마나 비참하고 불행한지 그 책임은 내게 있지 않다. 그것은 너의 책임이다."라고 말합니다. 에고의 입장에서는 "너"가 누구인지는 중요하지 않습니다. 여러분이 느끼는 죄의 책임을 전가할 수 있는 누군가를 찾는 한, 여러분이 누구에게 투사하는지는 상관하지 않습니다. 이것이 죄책감을 없앤다고 에고는 우리에게 일러줍니다.

내가 아는 이야기 중 이러한 투사를 가장 잘 설명하는 것은 구약 레위기입니다. 거기에서 이스라엘 백성에게 그들의 속죄일인 욤 키푸르에 어떤 의식을 올려야할지 알려줍니다. 그날 이스라엘 백성들은 한 자리에 모입니다. 진영 중앙에는 하나님과 사람 사이를 중재하는 대제사장 아론이 있습니다. 아론은 준비해 둔 양에게 손을 얹어 사람들이 한 해 동안 지은 모든 죄를 그 가엾은 양에게 상징적으로 옮깁니다. 그런 다음 그 양을 진영 밖으로 내칩니다. 그것은 투사가 무엇인지를 그림처럼 완벽하게 보여주는 설명으로, "희생양"이란 말은 거기서 유래되었습니다.

이와 같이 우리는 우리의 죄를 꺼내 죄가 우리에게 있는 게 아니라 네게 있다고 말합니다. 그런 다음 우리 자신을 우리의 죄에서 떼어 놓습니다. 자신을 죄 많은 자로 여기고 싶은 사람은 아무도 없기에, 우리는 내면에서 죄많음을 꺼내 누군가에게 두고는, 그 사람을 우리의 삶에서 추방하는 것입니다. 거기에는 두 가지 방법이 있습니다. 하나는 물리적으로 그 사람과 멀어지는 것입니다. 다른 하나는 심리적으로 분리되는 것입니다. 심리적인 분리가 사실상 가장 파괴적이며 또한 가장 은밀합니다. 일단 우리 죄를 다른 사람에게 전가하고 나서 우리 자신을 그들에게서 분리하는 방법은 그들을 공격하거나 그들에게 화를 내는 것입니다. 분노는 어떤 식으로 표현되든지, 가벼운 짜증이든지 격렬한 분노이든지, 차이가 없습니다(W-pI.21.2:3-5). 그것은 똑같습니다. 분노를 일으킨 원인이 무엇으로 보이든지 그것은 언제나 자신이 느끼는 죄책의 투사를 정당화하려는 시도입니다. 죄책을 투사해야 할 필요성이 모든 분노의 근본원인입니다. 여러분은 다른 사람의 말이나 행동에 동의할 필요가 없으나, 분노나 판단 혹은 비판하는 개인적인 반응을 보이는 순간, 그것은 언제나 여러분이 자신 안에서 부인한 것을 다른 사람 안에서 보았기 때문입니다. 달리 말하면, 여러분은 여러분의 죄와 죄책을 그 사람에게 투사하고 거기서 그것을 공격하는 것입니다. 그러나 이번에는 자신 안에서 그것을 공격하지 않습니다. 여러분은 그것을 다른 사람 안에서 공격하고 있으며, 그 사람을 가능하면 멀리 두고 싶어 합니다. 여러분이 정말로 하고 싶은 것은 여러분의 죄를 가능하면 멀리 두는 것입니다.

구약에서 몇 가지 흥미로운 부분이 있습니다. 그중 하나는 이스라엘 백성들이 얼마나 철저하게 더러운 것들을 찾아내려 노력했는지,

그리고 어떻게 그것들을 멀리해야 하는지를 기록하는 부분인데, 이는 특히 모세 5경의 제3권인 레위기 11장부터 15장에 걸쳐 잘 나타나 있습니다. 거기에는 부정한 것이 무엇인지를, 그것이 사람의 특성이든 부정함의 형태이든 어떤 사람 안에 있는 것이든 그 사람에게 속한 것이든, 매우 상세히 설명하는 문구들이 있습니다. 그리고 이스라엘 백성들이 이러한 부정한 것들에서 어떻게 분리를 유지해야 하는지를 설명합니다. 거기에 다른 어떤 이유가 있든지, 이들 가르침이 의미하는 핵심은 여러분 자신의 부정함을 내면에서 꺼내 바깥의 누군가에게 둔 다음 그 사람과 분리되어야 할 심리적인 욕구입니다.

그 점을 이해하고서 신약을 펼쳐 예수가 어떻게 반대로 행동했는지 살펴보면 재미있습니다. 사람들이 부정한 것으로 규정하고, 분리되는 것이 그들 종교에 중요하다고 본 형태들을 예수는 모두 껴안았습니다. 그는 마치 "너희는 자기 죄에 대한 책임을 다른 사람에게 투사할 수 없다. 너희는 안에서 죄책을 확인하고 거기서 치유해야 한다."라고 말하기라도 하듯이, 유대 율법에 따라 사회로부터 버림받은 자들을 껴안았습니다. "잔의 겉이 아니라 속을 먼저 깨끗이 하라"(누가 11:39), "형제 눈의 티를 걱정하지 마라. 네 눈의 들보를 걱정하라"(누가 6:41-42), "사람을 부정하게 하는 것은 밖에서 들어오는 것이 아니라 안에서 나오는 것이다"(마태 15:11)라고 복음서가 말하는 이유는 그것 때문입니다. 그 핵심은 기적수업에 나오는 것과 정확히 똑같습니다. 죄많음의 근원은 바깥이 아니라 내면에 있다는 것입니다. 하지만 투사는 우리 죄를 우리 바깥에서 보고 거기서 해결하게 하도록 해서 우리는 결코 문제가 안에 있다는 것을 진정으로 보지 않게 됩니다.

우리가 에고에게 가서 "나의 죄책감을 없애도록 날 좀 도와줘요."라고 말하면 에고는 "알았다. 죄책감을 없애는 방법은 먼저 죄책감을 억누르고, 그런 다음 죄의 책임을 다른 사람에게 투사하라. 그것이 네가 죄책감을 없애는 길이다."라고 말합니다. 그러나 에고가 우리에게 말해주지 않는 것은 죄책감의 투사는 공격이며, 죄책감에 들러붙는 최고의 길이라는 점입니다. 에고는 똑똑합니다. 에고는 우리가 유죄 상태에 계속 있기를 원합니다. 이것 또한 에고가 우리에게 어떻게 조언하는지를 이해하는 데 핵심 관념 중의 하나이므로 잠시 여기에 대해 설명하겠습니다.

기적수업은 "죄책의 끌어당김"에 대해 말합니다 (T-19.IV-A.10-17). 에고는 죄책에 몹시 끌리는데, 일단 에고가 무엇인지를 기억하면 그 이유는 명백합니다. 부인하고 투사하라고 조언하는 에고의 이론적 근거는 다음과 같습니다. 에고란 믿음에 지나지 않으며, 그것은 분리가 실제로 일어났다는 믿음입니다. 에고는 우리가 하나님으로부터 우리 자신을 분리했을 때 존재하게 된 듯이 보이는 거짓 자아입니다. 그러므로 우리가 분리를 실재라고 믿는 한 에고는 할 일이 있습니다. 우리가 분리되지 않았다는 것을 믿을 때, 에고는 끝납니다. 기적수업이 말하듯이 에고는 에고가 만든 세상과 함께 자신의 근원인 무無로 돌아갑니다. 에고는 실제로 아무것도 아닙니다. 우리가 원죄가 일어났다고 믿고 분리의 죄를 실재라고 믿는 한, 우리는 에고가 실재라고 말하고 있는 것입니다. 우리에게 죄가 실재라고 가르치는 것은 죄책감입니다. 어떤 죄책감이든 그것은 언제나 "나는 죄를 지었다."는 진술입니다. 그리고 죄는 궁극적으로 나는 하나님으로부터 나 자신을 분리했다는 것을 의미합니다. 따라서 내가 나의 죄를 실재라고 믿는 한, 나는 죄가 있는 죄인입니다. 내가 내 안에서든 남에게서든 죄가 있다고 본다면 나는 죄가 실재이고 에고가 실재라고 말하는 것입니다. 따라서 에고는 우리를 죄인으로 유지하는데 심혈을 기울입니다.

에고는 언제라도 무죄와 마주치게 되면 공격할 것입니다. 왜냐하면, 에고의 사고체계에서 가장 큰 죄는 무죄 즉 죄의 책임이 없는 것이기 때문입니다. 만약 죄의 책임이 없다면 죄도 없습니다. 그리고 죄가 없다면 에고도 없습니다. 교과서에는 "에고에게는 죄 없는 자가 죄인이다(T-13.II.4:2)"라는 구절이 있습니다. 죄가 없다는 것은 "너는 죄 있을지어다."라는 에고의 계율을 어기는 죄를 짓는 일이기 때문입니다. 만약 여러분이 무죄라면, 여러분은 무죄라는 죄가 있습니다. 예를 들면, 그것이 바로 세상이 예수를 죽였던 이유입니다. 예수는 우리에게 우리는 죄가 없다고 가르쳤고, 따라서 에고에게 신성모독을 범했기에 세상은 그를 죽여야만 했습니다.

그러므로 에고의 근본적인 목적은 언제나 우리를 계속 죄인으로 묶어놓는 것입니다. 그러나 에고는 그렇게 말할 수 없습니다. 그렇게 말한다면 우리는 에고에게 조금도 주의를 기울이지 않을 것이기에 때입니다. 그래서 에고는 우리가 에고의 말을 따르면 죄책감에서 벗어나게 된다고 말합니다. 그 방법은 다시 말해, 우리에게 죄의 책임이 없다고 부인하고 다른 사람에게 그 책임을 전가하여 그 사람을 죄인으로 보고, 그런 다음 그 사람을 공격하는 것입니다. 그 방식으로 우리는 죄책감에서 벗어난다는 것입니다. 그런데 에고가 우리에게 말하지 않는 것은 공격이 죄책감에 머무르는 최고의 길이라는 점입니다. 그것은 사실입니다. 심리학적 원리에서 보면, 마음속에서든 실제로든 누군가를 공격하면 죄책감을 느낄 것이기 때문입니다. 어쩌면 여러분은 죄책감을 느끼지 않을 수도 있습니다. 예를 들어 사이코패스 psychopath는 죄책감을 느끼지 않습니다. 하지만 더 깊은 차원에서도 죄책감을 느끼지 않는다는 말은 아닙니다.

그런 다음 에고는 매우 교묘하게 죄책과 공격의 회로를 구축합니다. 그것은 우리가 더욱 죄책감을 느껴 우리 안에서 이를 부인해야 할 필요성을 더욱 크게 만듭니다. 누군가를 공격하면 공격할수록 우리가 한 일에 대한 죄책감은 더 커지는데, 우리는 어떤 차원에선가는 우리의 공격이 부당하다는 것을 인식하기 때문입니다. 우리는 그로 말미암아 죄책감을 느끼게 될 뿐이고, 그것이 전체를 계속 반복되게 합니다. 세상을 돌아가게 하는 것은 바로 죄책과 공격의 회로입니다. 세상을 돌아가게 하는 것은 사랑이 아닙니다. 사랑이 세상을 돌아가게 한다고 말하는 사람이 있다면, 그는 에고에 대해 잘 알지 못하는 사람입니다. 사랑은 하나님의 세계입니다. 이 세상은 하나님의 사랑을 반영할 수는 있지만, 사랑이 자리할 곳은 없습니다. 이 세상의 자리를 차지하고 있는 것은 바로 죄책감과 공격이며, 그것이 개인적으로든 집단적으로든 우리 삶의 원동력입니다.

공격-방어 회로

에고가 두 번째로 세우는 회로는 공격-방어 회로입니다. 일단 나 자신을 죄인이라고 믿으면 나는 내가 느끼는 죄의 책임을 당신에게 투사하고 당신을 공격하며, 그러면 앞에서 내가 언급한 원리 때문에 죄인인 나는 벌을 받아야 한다고 믿을 것입니다. 왜냐하면, 나는 당신을 공격했기에 당신에게 공격받아 마땅하다고 믿을 것이기 때문입니다. 이제 당신이 실제로 되받아서 나를 공격하느냐 마느냐는 사실상 중요하지 않습니다. 나는 나 자신의 죄책감 때문에 당신이 그럴 것이라고 믿게 됩니다. 나는 당신이 반격할 것이라고 믿기에, 당신의 공격에 대비하여 나 자신을 방어해야 한다고 믿게 됩니다. 나는 내게 죄가 있다는 사실을 부인하려고 노력하므로, 당신이 나를 공격하는 것은 부당하다고 느낄 것입니다. 내가 당신을 공격하는 바로 그 순간, 나는 무의식 속에서 당신이 반격할 것을 두려워하게 되고, 나는 거기에 대비하는 게 좋다고 생각할 것입니다. 그래서 나는 당신의 공격에 대비하여 방어를 구축해야 할 것입니다. 방어를 구축하면 당신을 겁먹게 할 것이고, 결국 우리는 그렇게 서로를 똑같이 공격할 것입니다. 내가 당신을 공격하면 할수록 당신은 자신을 더욱 방어해야 하고 반격해야 합니다. 우리는 그렇게 주거니 받거니 할 것입니다.

핵무기 경쟁의 광기와 우리 모두가 느끼는 광기는 이 역동으로 설명할 수 있습니다. 나 자신을 방어해야 할 필요성이 클수록, 나는 내게 죄가 있다는 사실을 더욱 강화하고 있습니다. 에고가 그렇다는 것을 이해하는 것이 매우 중요하며, "모든 방어는 방어로 막으려는 것을 행한다 (T-17.IV.7:1)"는 구절만큼 이를 명확하게 설명하는 곳은 아마 없을 것입니다. 방어의 목적은 우리 자신을 우리의 두려움에 맞서 방어하거나 보호하는 것입니다. 우리가 두려워하지 않는다면, 우리는 방어할 필요가 없겠지만, 방어가 필요하다는 바로 그 사실이 내가 두려워해야 한다고 말하고 있습니다. 두렵지 않다면 번거롭게 방어할 필요가 없을 것이기 때문이죠. 자신을 방어하고 있다는 그 사실이, 내가 두려워해야 하고 나는 죄가 있기에 두려워해야 한다는 것을 더욱 강화합니다. 그러므로 두려움에 맞서 나를 보호해야 할 나의 방어가 오히려 두려움을 강화하고 있습니다. 그러므로 내가 자신을 방어하면 방어할수록, 나는 자신에게 나는 사악하고 죄인이며 두려워하는 존재인 에고라고 가르치는 것입니다.

에고는 정말로 영리합니다. 에고는 우리 자신을 방어해야만 한다고 확신시키지만, 방어하면 방어할수록 우리는 더욱더 죄책감을 느끼게 됩니다. 에고는 우리가 우리의 죄책감에 대항하여 어떻게 방어해야 하는지를 다양한 방식으로 말해줍니다. 그러나 에고가 제공하는 바로 그 보호가 죄책감을 강화합니다. 이것이 우리가 꼬리에 꼬리를 물고 맴도는 이유입니다. 연습서에 "나의 무방어에 나의 안전이 있다(W-pI.153)."는 멋진 과가 있습니다. 내가 안전하고, 하나님이 나의 참 보호라는 것을 진정으로 알 수 있는 가장 좋은 길은 나 자신을 보호하지 않는 것입니다. 복음서에서 예수가 최후의 며칠 동안 전혀 자신을 방어하지 않은 것도 바로 그런 이유에서입니다. 체포된 순간부터 그는 조롱받고, 매를 맞고, 박해받고 죽임까지 당했지만, 줄곧 그는 자신을 방어하지 않았던 것입니다(마태 26:52-53과 마태27:14를 참고). 그가 말하고 있는 것은 "나는 방어할 필요가 없다."인데, 연습서에 나오듯이 "하나님의 아들은 자신의 실재에 대한 진실에 대항하여 방어할 필요가 없기" 때문입니다(W-pI.135.26:8). 우리가 우리 자신이 누구이며 하늘에 계신 우리 아버지가 누구인지 진실로 알게 되면, 진리는 방어가 필요 없기에 우리는 우리 자신을 보호할 필요가 없습니다. 하지만 에고의 사고체계 속에서는 우리는 보호의 필요성을 느끼고 따라서 언제나 우리 자신을 방어할 것입니다. 이 두 가지 회로가 에고 전체를 존속하게 해 줍니다. 죄책감을 느끼면 느낄수록, 더욱더 공격할 것입니다. 공격하면 공격할수록 우리는 우리 자신을 예상되는 처벌이나 반격으로부터 방어해야 할 필요성을 더욱 느끼게 되는데, 사실 그 자체가 공격입니다.

창세기 2장 마지막 구절은 아담과 이브가 부끄러워하지 않고 벌거벗은 채 마주 보며 서 있다고 기술합니다. 부끄러움은 죄책감의 또 다른 말에 지나지 않으며, 부끄러움이 없다는 것은 분리 이전상태를 나타내는 표현입니다. 달리 말하자면, 죄가 없었기에 죄책감도 없었습니다. 3장에서 원죄를 언급하는데, 그것은 아담과 이브가 금지된 과일을 먹는 것으로 시작합니다. 과실을 먹는 행위는 하나님께 대한 불복종을 표현한 것으로, 사실상 그것이 죄입니다. 달리 말하면, 그들은 자신을 하나님과 분리된 의지(뜻), 하나님께서 창조하신 것과 다른 것을 선택할 수 있는 의지를 가진 존재로 보았다는 것입니다. 그것은 다시 말해 에고 즉 죄가 가능하다는 신념의 탄생입니다. 그래서 그들은 과일을 먹고 그 후 제일 먼저 한 것은 서로 바라보는 것이었는데, 이번에는 부끄러움을 느껴 자신을 가렸습니다. 그들은 무화과나무 잎으로 아랫도리를 가렸는데, 그것은 그들의 죄책감을 나타냅니다.

바로 그다음 아담과 이브는 그들을 찾는 하나님의 음성을 듣게 되며, 이제 그들은 하나님이 그들을 붙잡게 되면 하실 일을 두려워하게 되었습니다. 그래서 그들은 하나님이 그들을 찾지 못하도록 덤불 속에 숨었습니다. 바로 여기에서 여러분은 죄와 죄책감과 두려움의 연관성을 볼 수 있습니다. 자신을 하나님에게서 분리할 수 있다는 믿음인 죄, 자신이 분리의 죄를 범했다는 느낌인 죄책감, 그리고 하나님께서 우리를 붙잡아 벌하실 때 일어날 일에 대한 두려움은 이렇게 연결되어 있습니다. 3장의 다음 부분에서 하나님은 아담과 이브를 벌하시니 그들의 예측은 옳았습니다. 재미있는 것은 마침내 하나님께서 아담을 대면하셨을 때, 아담은 죄의 책임을 이브에게 투사하여 "제가 그랬던 게 아닙니다. 이브가 저에게 그렇게 하라고 시켰습니다."라고 말합니다. (당하는 건 언제나 여자입니다.) 그래서 하나님께서 이브를 바라보시니, 이브도 똑같이 투사하여 "제가 그랬던 게 아닙니다. 저를 비난하지 마세요. 뱀이 저에게 시킨 것입니다."라고 말합니다. 이 일화에서 우리는 우리 자신을 두려움과 죄책감에서 방어하기 위해 우리가 하는 것을 정확하게 보고 있습니다. 우리는 비난을 다른 누군가에게 투사합니다.

내가 앞에서 했던 말을 기억하십시오. 죄의 책임은 언제나 처벌을 요구합니다. 에고는 아담과 이브가 죄를 지었기에 벌 받아야 한다고 요구할 것이고, 그래서 하나님께서 그들을 붙들었을 때 하나님은 그들을 벌하여 탄생하는 순간부터 죽음으로 끝날 때까지 그들을 온통 고통과 괴로움에 가득 찬 생을 살게 하십니다. 오늘 마지막 시간에는 예수님이 이 모든 과정을 어떻게 해제하는가에 대해 설명할 예정입니다. 아무튼, 창세기 그 부분은 에고의 전체 구조, 즉 죄와 죄책감 두려움의 관계를 완벽하게 보여주는 개요입니다.

에고가 죄책감에 대항하여 방어하는 주요 방법의 하나는 다른 사람을 공격하는 것이고, 그것이 우리의 분노가 언제나 하는 일처럼 보입니다. 즉 다른 사람에게 우리 죄의 책임을 투사하는 것을 정당화하는 것입니다. 우리가 분노했다는 사실을 정당화하는 데에 세상과 세상의 일부인 우리 자신이 얼마나 열성적으로 몰두하는지를 인식하는 것이 대단히 중요합니다. 우리 모두는 적이 필요하기 때문입니다. 이 세상의 모든 사람은 이런저런 차원에서 선과 악의 속성을 세상에 부여합니다. 그리하여 우리는 세상을 분리하고 어떤 사람은 선한 범주에 어떤 사람은 악한 범주에 넣습니다. 이렇게 하는 목적은 우리는 우리의 죄책을 투사할 수 있는 누군가를 간절히 필요로 하기 때문입니다. 적어도 한 사람, 혹은 한 사상 혹은 한 집단이 있어야 합니다. 우리가 나쁜 범주로, 희생양으로 몰 수 있는 것이 있어야 합니다. 이것이 모든 편견과 차별의 근원입니다. 이것은 대개는 의식되지 않지만, 죄책의 짐에서 벗어날 수 있도록 희생양으로 만들 수 있는 누군가를 절실히 필요로 합니다. 이것이 역사가 기록되기 시작한 이래로 지금까지의 실정이었습니다. 이것이 세상에 있었던 주요 사고체계 혹은 삶의 체계의 실정이었습니다. 그것은 언제나 좋은 사람과 나쁜 사람이 있다는 근거에 입각한 것입니다.

여러분은 이것을 기독교 역사에서 확실하게 볼 수 있습니다. 기독교는 발단에서부터 나쁜 것과 좋은 것을 분리하는 과정이 있었습니다. 예수를 믿는 유대인과 예수를 믿지 않는 유대인, 예수를 믿는 유대인은 다시 성 베드로 추종자, 성 바울 추종자, 성 야고보 등의 추종자로, 그 이후로도 교파는 계속 갈라졌습니다. 이는 우리와는 다르고 우리처럼 선하지 않다고 볼 수 있는 누군가를 찾아야 할 무의식적인 욕구 때문입니다. 다시 말해 우리가 그 과정에 얼마나 열성적으로 몰입하는지 인식하는 것이 매우 유익합니다. 영화의 마지막 장면에서 선한 사람이 이기고 악한 사람이 질 때 모든 사람이 갈채를 보내는 것도 같은 이유에서입니다. 우리는 악한 사람이 처벌받을 때도 똑같이 열광하는데, 바로 그때 우리가 우리의 죄에서 해방되었다고 믿기 때문입니다.

특별한 관계

지금까지 설명한 분노는 사실 투사의 한 형태에 지나지 않습니다.

그것은 기적수업이 특별한 관계라고 말하는 공격의 두 형태 중 가장 명백한 것입니다. 기적수업에서 가장 이해하기 어렵고, 실천하면서 살아가기는 더더욱 어려운 것이 바로 특별함이라는 관념이며, 우리의 특별한 관계를 거룩한 관계로 바꾸는 것입니다.

특별한 관계는 두 가지 형태가 있습니다. 첫째는 우리가 이야기했던 특별한 증오관계로, 여기서 우리는 증오의 대상으로 만들 누군가를 발견해서 증오의 진짜 대상인 우리 자신에게서 달아납니다. 두 번째 형태는 기적수업이 특별한 사랑관계라고 부르는 것입니다. 이 관계는 기저에 깔린 것을 거의 보여주지 않기에 가장 은밀하고 강력합니다. 다시 말하지만, 기적수업의 이해에 있어서나 자신에게 적용하는 데 있어서 특별한 관계라는 개념보다 더 어려운 개념은 없습니다. 특별한 관계는 연습서나 지침서에서는 전혀 언급하고 있지 않습니다. 교과서에서도 15장에 가서야 나오기 시작하며 그 이후로는 거의 내용 전부를 차지합니다.

특별한 사랑을 인식하고 거기에 대처하는 것이 그토록 어려운 이유는 그것이 그것 아닌 다른 무엇으로 보이기 때문입니다. 여러분이 누군가에게 화가 나 있을 때 그 사실을 자신에게 감추기는 매우 어렵습니다. 잠시는 감출 수 있지만, 오래 그러기에는 매우 어려운 허상입니다. 특별한 사랑은 이와는 상당히 다릅니다. 그것은 언제나 그것이 아닌 것으로 보일 것입니다. 사실상 특별한 사랑은 이 세상에서 가장 유혹적이고 기만적인 현상입니다. 그것은 기본적으로 특별한 증오와 같은 원리를 따르지만, 형태는 달리 취합니다. 기본 원리란, 우리의 죄책을 다른 사람 안에서 봄으로써 그것을 제거한다는 것입니다. 그러므로 그것은 사실상 증오를 살짝 변장시킨 베일에 지나지 않습니다. 증오란, 다시 말해 우리 자신에 대한 진짜 증오를 경험하지 않아도 되게끔 누군가를 미워하려는 시도일 뿐입니다. 이제 나는 그것이 작용하는 세 가지 다른 방식을, 즉 에고가 "사랑"을 통해 죄책감에서 우리를 구할 듯이 가장하면서 사실상 어떻게 증오를 통해 죄책감을 강화하는지를 보여주려고 합니다.

특별한 사랑이 무엇인지 먼저 설명한 다음 그것이 어떻게 작용하는지를 다루겠습니다. 여러분이 기억한다면, 죄책감과 죄책감을 포괄하는 표현들을 나열했을 때 그 중 하나는 우리 안에 무언가 빠진 것이 있다는, 우리에게 어떤 결핍이 있다는 믿음이었습니다. 이것이 기적수업이 말하는 "결핍원리"이며, 사실상 특별한 사랑의 원동력입니다.

결핍원리가 말하는 것은 우리 안에 무언가 빠진 것이 있다는 것입니다. 성취되지 않고 불완전한 무엇이 있다는 것입니다. 이 부족 때문에 우리에게 필요한 것이 있다는 것입니다. 그런데 그것이 우리가 경험하는 죄책감에서 중요한 부분입니다. 그래서 우리는 다시 에고에게 가서 "도와줘요! 내가 아무것도 아니라는 느낌, 비어 있다는 느낌, 무언가 빠졌다는 이 느낌은 정말로 견디기가 어려워요. 당신이 무언가 해줘야겠어요."라고 말합니다. 에고는 "알았다. 그럼 이렇게 해보자."고 말하고는 이런 말로 우리를 낙심시킵니다. "그렇다. 네 말이 전적으로 옳다. 너는 그저 불쌍한 피조물에 지나지 않는다. 네게 절대적으로 중요한 무언가가 결핍되거나 빠졌다는 사실을 바꾸기 위해 네가 할 수 있는 것은 전혀 없다." 물론 에고는 빠진 것이 하나님이라고 말하지 않습니다. 그렇게 말했다가는 우리는 하나님을 선택할 것이고 에고는 사라지고 말 것이기 때문입니다. 에고는 우리에게 본래 빠진 것이 있고 그것을 구제하기 위해 할 수 있는 것은 아무것도 없다고 말합니다. 그러나 결핍의 고통에 대해서는 무언가 할 수 있는 게 있다고 덧붙입니다. 우리 안에 이 타고난 결핍을 바꿀 수 있는 것은 없지만, 우리는 우리 내면에서 빠진 것을 대신 메울 수 있는 누군가를 혹은 무언가를 우리 밖에서 찾을 수 있다고 말하는 것입니다.

특별한 관계는 기본적으로 내게 하나님이 충족시켜줄 수 없는 특별히 필요한 무언가가 있다고 말합니다. 왜냐하면, 나는 하나님을 무의식에서 적으로 만들었기에, 에고의 사고체계 안에서는 참 하나님께 가지 않기 때문입니다. 그러나 어떤 특별한 성향이나 자질을 가진 특별한 사람인 당신을 발견했을 때 나는 당신이 나의 특별한 필요들을 충족시켜줄 것이라고 결정합니다. 거기서 "특별한 관계"라는 표현이

나왔습니다. 나의 특별한 필요를 당신 안의 어떤 특별한 자질이 충족시킬 것이고 그것이 당신을 특별한 사람으로 만듭니다. 그리고 내가 세운 나의 특별한 필요를 당신이 충족시킨다면, 나는 당신을 사랑할 것입니다. 내가 충족시켜줄 수 있는 특별히 필요한 것이 당신에게 있다면, 당신은 나를 사랑할 것입니다. 에고의 관점에서 보면 그것이 곧 천생연분입니다.

그러므로 세상이 사랑이라고 부르는 것은 사실은 특별함으로, 성령이 보는 사랑을 총체적으로 왜곡한 것입니다. 이를 달리 표현하면 "의존"입니다. 나는 내게 필요한 것을 충족하기 위해 당신에게 의존하게 되었고, 당신을 내게 의존하게 만들어 당신이 필요한 것을 충족하게 할 것입니다. 우리가 서로에게 의존하는 한, 모든 것이 잘 돌아갈 것입니다. 자, 특별함이란 기본적으로 그러한 것입니다. 그것이 의도하는 것은 우리 안에서 부족하다고 지각한 것을 다른 누군가를 이용해서 충족시키는 것입니다. 우리는 특히 사람들과"" 매우 파괴적인 이러한 관계를 맺습니다. 그런데 우리는 물질이나 물건과도 특별한 관계를 맺을 수 있습니다. 예를 들어 알코올 중독자는 자신 안의 공허함을 술과의 특별한 관계를 통해 채우려고 애씁니다. 과식하는 사람도 마찬가지입니다. 많은 옷을 사 모으거나 많은 돈을 벌거나 많은 물건을 손에 넣거나 세상에서 높은 지위에 오르는 데 열광적으로 매달리는 사람들도 모두 마찬가지입니다. 그것은 우리를 기분 좋게 할 무언가를 밖에서 행함으로써 자신이 썩어빠졌다는 느낌을 보상하려는 시도입니다. 교과서 거의 마지막 부분에 "너의 바깥에서 구하지 마라 (T-29.VII)"는 매우 아름답고 강력한 절(節)이 있습니다. 우리가 우리 바깥에서 구할 때 우리는 언제나 우상을 구하고 있는 것입니다. 우상이란 하나님의 대체물을 말합니다. 이 필요를 충족할 수 있는 분은 하나님뿐입니다. 그렇다면 특별함이 하는 일은 바로 이것입니다. 그것은 우리의 죄책감에서 우리를 보호하는 듯이 보이지만 사실상 죄책감을 강화하는 에고의 목적에 이바지하는 것입니다. 특별함은 세 가지 기본적인 방식으로 그렇게 하는데 지금 간추려 설명하겠습니다.

첫째는 만약 내게 특별히 필요한 것이 있는데 당신이 나타나 그것을 충족시켜준다면, 내가 실제로 한 일은 당신을 내 죄책감의 상징으로 만들었다는 것입니다. (나는 지금 에고의 틀 안에서만 말하고 있습니다. 성령에 대해서는 나중에 다루기로 합시다.) 내가 한 일은 당신을 나의 죄책감에 묶은 것인데, 왜냐하면 나는 당신과의 관계와 당신에 대한 사랑을 오직 나의 필요를 충족하는 목적에 이용하기 때문입니다. 그러므로 의식 수준에서는 나는 당신을 사랑의 상징으로 만들었지만, 무의식 수준에서 내가 실제로 한 일은 당신을 내 죄책감의 상징으로 만든 것입니다. 이 죄책감이 없었다면, 나는 당신이 필요하지 않았을 것입니다. 당신이 필요하다는 이 사실이 무의식적으로 나는 진정으로 죄가 있음을 내게 상기시킵니다. 그러므로 특별한 사랑은 그 사랑으로 막으려고 애쓰는 바로 그 죄책감을 강화하는 첫 번째 방법입니다. 당신이 내 삶에서 중요해질수록, 나를 내 죄책감에서 보호하는 것이 당신이 진정으로 기여하는 목적임을 내게 더욱 상기시키고, 그것은 내가 죄인이라는 사실을 강화합니다.

이 과정은 우리 마음을 우리의 모든 죄책감이 담긴 유리병으로 그려본다면 이해하기 쉬울 것입니다. 우리가 세상에서 그 무엇보다도 원하는 것은 이 죄책감을 유리병 속에 안전하게 보관하는 것입니다, 우리는 그것에 대해 알고 싶지 않습니다. 우리가 특별한 파트너를 구할 때, 우리는 이 병의 입구를 막아 줄 누군가를 구하는 것입니다. 우리는 마개가 꽉 닫혀 있기를 원합니다. 마개가 꽉 닫혀 있는 한, 나의 죄책감은 의식으로 뛰어들 수 없을 것이고 그렇게 되면 나는 그것에 대해 모를 것입니다. 그것은 나의 무의식에 묻혀 있을 것입니다. 내가 당신에게 나의 병마개가 되어주기를 원한다는 바로 그 사실이 유리병 속에 무언가 끔찍한 것이, 새어 나오거나 꺼내고 싶지 않은 어떤 끔찍한 것이 들어있다는 것을 내게 상기시킵니다. 다시 말해, 내게 당신이 필요하다는 바로 그 사실이 내게 이 모든 죄책이 있다는 것을 무의식적으로 상기시킵니다.

특별한 사랑이 죄책감을 강화하는 두 번째 방법은 "유대인 어머니 증후군"입니다. 내게 필요한 모든 것을 충족시키기 위해 나타난 사람이 갑자기 변하기 시작하고 이제는 처음처럼 나의 필요들을 충족시키지 않는다면 어떻게 될까요? 인간은 변하고 성장하는 불운한 특성이 있습니다. 그들은 우리가 바라는 상태대로 머무르지 않습니다. 그것이 의미하는 바는 그 사람이 변하기 시작하면서 (어쩌면 더 이상 예전처럼 내가 필요하지 않을 수도 있습니다.) 병마개가 느슨해지기 시작한다는 것입니다. 나의 특별한 필요는 내가 요구했던 형태로 더 이상 충족되지 않을 것입니다. 이 마개가 느슨해지기 시작하면서 나의 죄책감이 밖으로 새어 나와 나를 갑자기 위협하기 시작합니다. 죄책감이 유리병에서 새어 나온다는 것은 내가 나 자신을 얼마나 끔찍하다고 믿고 있는지를 의식하게 된다는 의미입니다. 그것은 내가 무슨 짓을 해서라도 피하고 싶은 경험입니다.

출애굽기의 한 대목에서 하나님은 모세에게 "내 얼굴을 보고도 살 수 있는 사람은 없다 (출애굽기 33:20)"고 말하셨습니다. 우리는 죄책감에 대해 똑같이 말할 수 있습니다. 죄책감의 얼굴을 보고도 살 수 있는 사람은 없습니다. 우리가 우리 자신을 얼마나 끔찍하다고 믿는지를 직면하는 것은 너무도 감당하기 어려워 우리는 그것을 깊이 묻어놓고 해결하지 않을 수만 있다면 무슨 짓이라도 하려고 합니다. 그래서 이 마개가 느슨해지기 시작하고 나의 죄책감이 표면으로 끓어오르기 시작하면, 나는 갑자기 나 자신에게 느끼는 끔찍한 감정들을 직면하게 되어 공황상태에 빠지게 됩니다. 그렇다면 나의 목표는 매우 간단합니다. 될 수 있는 한 재빨리 마개를 조여 다시 꽉 닫히게 하는 것입니다. 그것은 당신을 예전 상태로 돌려놓기를 원한다는 말입니다. 누군가에게 내가 원하는 일을 시키려면 그 사람을 죄책감을 느끼게 하는 것보다 더 효과적인 방법은 세상에 없습니다. 여러분이 누군가 다른 사람이 어떤 일을 해주기를 바란다면 그 사람을 몹시 죄책감을 느끼도록 하면, 그 사람은 여러분이 원하는 일을 할 것입니다. 죄책감을 느끼고 싶은 사람은 아무도 없습니다.

죄책감을 통해서 조종하는 것은 유대인 엄마들의 주특기입니다. 유대인이 아니라도 누구나 이 점에 대해 알고 있습니다. 이탈리아사람이나 아일랜드 사람이나 폴란드 사람이나 그 어느 나라 사람이든 그것은 똑같습니다. 왜냐하면 증상은 보편적이기 때문입니다. 나는 당신을 죄책감을 느끼게 만들려는 것이며, 아마도 나는 이와 비슷한 말을 할 것입니다. "당신 어떻게 된 거예요? 그렇게 점잖고, 부드럽고, 다정하던 당신이, 사려 깊고 세심하고, 친절하고 분별 있던 당신이, 어떻게 변했는지 보라고요. 이제 당신은 눈곱만큼도 신경 쓰지 않아요. 당신은 이기적이고, 자기만 알고, 냉담해요." 기타 등등. 내가 정말로 애쓰고 있는 것은 너를 예전 상태로 되돌릴 수 있도록 죄책감을 느끼게 하는 것입니다. 누구나 이것을 알고 있습니다. 그렇지 않습니까?

자, 당신이 나와 함께 죄책감 게임에 참여한다면, 당신은 내가 원하는 것을 할 것이고 그렇게 되면 병마개는 다시 꽉 조여져, 나는 예전처럼 다시 당신을 사랑할 것입니다. 만약 당신이 내가 원하는 것을 하지 않고, 더 이상 이 게임에 참여하지 않는다면, 나는 몹시 화를 낼 것이며 나의 사랑은 증오로 돌변할 것입니다. (사실은 그것은 늘 증오였습니다.) 여러분은 여러분이 의존하는 사람을 내가 첫 예에서 들었던 이유로 늘 증오하는 것입니다. 왜냐하면, 여러분이 그렇게 의존하는 사람은 여러분에게 여러분이 증오하는 여러분의 죄책을 상기시키기 때문입니다. 그러므로 이러한 연상 때문에 여러분은 여러분이 사랑한다고 공언하는 그 사람을 또한 증오할 것입니다. 이 두 번째 예는 그것의 실체가 무엇인지를 보여줍니다. 당신이 더 이상 내가 원하는 대로 나의 필요를 채워주지 않는다면, 나는 당신을 미워하기 시작할 것입니다. 내가 당신을 미워하는 이유는 나는 나의 죄책감을 다루는 것이 견딜 수 없기 때문입니다. 우리는 그것을 밀월의 끝이라고들 말합니다. 요즘은 밀월 기간이 점점 더 짧아지는 듯합니다.

특별한 필요가 더 이상 예전처럼 충족되지 않으면, 사랑은 증오로 변합니다. 상대가 더 이상 너의 병마개가 되지 않겠다고 말하면 일어날 일은 뻔합니다. 그렇게 되면 나는 다른 사람을 찾습니다. 연습서 170과는 "다른 사람을 발견할 수 (W-pI.170.8:7)" 있다고 하며 상당히 쉽다고 말합니다. 여러분은 그저 대상만 바꿀 뿐 여전히 같은 패턴을 반복합니다. 여러분은 이것을 끝없이 계속 반복할 수도 있고, 아니면 여러분의 실제 문제인 죄책감에 대해 무언가 하기 전까지 계속할 수도 있습니다.

여러분이 그 죄책감을 놓아주면, 그러면 여러분은 다른 관계 속으로 들어갈 준비가 됩니다. 그것은 성령이 보는 대로의 사랑일 것입니다. 그러나 그렇게 하기 전까지는, 유리병을 닫아줄 다른 병마개를 찾는 것이 유일한 목적입니다. 그리고 세상은 그러한 필요를 채워줄 사람을 찾는 데 언제나 매우 협조적입니다. 우리는 계속해서 특별한 관계를 맺어갑니다. 기적수업은 그 과정을 매우 고통스러우리만큼 상세하게 묘사하고 있습니다.

사랑을 숨기기보다는 증오와 죄책감을 숨기기 위해 특별함이 위장하는 세 번째 방법은 특별한 증오와 특별한 사랑 둘 다에 적용됩니다. 우리가 우리의 필요를 충족하는 매개물로 사람을 이용할 때마다, 우리는 그들을 있는 그대로 보는 것이 아닙니다. 우리는 그들 안의 그리스도를 보지 않습니다. 우리는 그들을 조종해서 우리의 필요를 채우도록 하는 데에만 관심이 있습니다. 우리는 그들 안에 있는 찬란한 빛을 찾아보려고 하지 않습니다. 우리는 그들을 보면서 우리의 특정한 형태의 어둠에 상응할만한 특정한 형태의 어둠을 찾고 있습니다. 우리가 누군가를 이용하거나 조종해서 우리의 필요를 채우게 할 때마다, 우리는 사실상 그들을 공격하고 있는 것입니다. 왜냐하면, 우리는 그리스도인 그들의 진정한 정체^{Identity}를 공격하고, 그들을 우리 안의 에고를 강화하는 에고로 보기 때문입니다. 공격은 언제나 증오이고, 따라서 우리는 그렇게 한 것에 대해 죄책감을 느낄 수밖에 없습니다.

따라서 에고는 자신이 무언가 다른 일을 하고 있다고 말하지만, 이 세 가지 방식이 정확하게 에고가 죄책감을 강화시키는 데 사용하는 방식입니다. 기적수업이 특별한 관계를 죄책감의 온상으로 서술하는 이유가 바로 여기에 있습니다.

다시 말해, 에고의 관점에서 특별한 사랑을 그토록 파괴적이고 효과적인 방어로 만드는 것은 그것이 그것 아닌 다른 무엇으로 보인다는 점입니다. 특별한 사랑이 처음 일어날 때에는 대단히 근사하고 사랑이 깃든 거룩한 것으로 보입니다. 하지만 그러한 겉모습 너머로 우리의 죄책감이라는 근본적인 문제에 도달할 수 없다면, 그러한 사랑이 얼마나 쉽사리 변합니까?

교과서에 "두 그림"(T-17.IV)이라는 제목의 중요한 절이 있는데, 그것은 에고의 그림과 성령의 그림의 차이를 대조해서 설명합니다. 에고의 그림은 특별한 사랑을 그리고 있습니다. 그것은 죄책감과 고통, 궁극적으로는 죽음이 그려진 그림입니다. 에고는 그 그림을 보여주려고 하지 않습니다. 다시 말하지만, 에고가 꾀하는 것을 우리가 정말로 안다면 우리는 에고에게 주목하지 않을 것이기 때문입니다. 그래서 에고는 자신의 그림을 다이아몬드와 루비 등 온갖 보석들로 장식한 매우 아름답고 화려한 액자에 끼웁니다. 우리는 액자에 홀려 혹은 특별함이 줄 것처럼 보이는 좋은 느낌에 홀려, 죄책감과 죽음이 주는 진짜 선물을 알아보지 못합니다. 우리는 액자에 가까이 다가가서 그것을 진정으로 살펴볼 때야 비로소 다이아몬드가 사실은 눈물방울이고 루비는 핏방울이라는 것을 보게 됩니다. 바로 이것이 에고입니다. 그것은 매우 강력한 내용을 담고 있는 절입니다. 반면에, 성령의 액자는 매우 헐거워 진정한 선물, 하나님의 사랑을 볼 수 있도록 떨어져 나가버립니다.

우리가 맺고 있는 관계가 특별한 관계인지 아니면 거룩한 관계인지를 언제나 결정적으로 보여주는 매우 중요한 또 하나의 특징이 있습니다. 다른 사람에 대한 우리의 태도를 보면 그것이 특별한 관계인지 아닌지 언제나 구분할 수 있습니다. 우리가 특별한 관계를 맺고 있다면 그 관계는 배타적일 것입니다. 거기에는 다른 사람이 들어설 자리가 없습니다. 그 이유는 에고가 진정으로 어떻게 작용하는지를 일단 인식하면 명확해집니다. 내가 당신을 나의 구원자로 만들었다면, 그리고 당신이 나를 나의 죄책감에서 구해 내는 것이라면, 그것은 당신이 나를 사랑하고 네게 관심을 가져 내가 숨기려고 애쓰는 이 죄책감에서 나를 구할 것임을 의미합니다. 그런데 당신이 나 아닌 다른 것에 흥미를 갖기 시작한다면, 그것이 다른 사람이든 다른 활동이든 간에, 당신은 내게 백 퍼센트의 관심을 두지 않을 것입니다. 당신이 다른 것 혹은 다른 누군가에게 관심과 주목을 옮기기 시작하는 그만큼 나는 관심과 주목을 덜 받을 것입니다. 그 말은 내가 백 퍼센트를 받지 못한다면 내 유리병을 닫고 있는 마개가 느슨해지기 시작한다는 뜻입니다. 그것이 모든 질투의 근원입니다. 사람이 질투하는 이유는 자신의 특별한 필요가 예전처럼 충족될 것 같아 보이지 않기 때문입니다.

그러므로 당신이 나 아닌 누군가를 추가해서 사랑한다면 그것은 나는 덜 사랑 받게 된다는 것을 의미합니다. 에고에게 있어서 사랑은 양의 문제입니다. 양은 한정되어 있고 내가 이 사람을 사랑하면 저 사람을 그만큼 사랑할 수 없습니다. 성령에게 있어서 사랑은 질의 문제이며, 모든 사람을 다 포용합니다. 그것은 우리가 모든 사람을 같은 방식으로 사랑한다는 말이 아닙니다. 그것은 이 세상에서는 가능하지 않습니다. 그것이 진정 의미하는 바는 사랑의 근원이 같다는 것입니다. 사랑 자체는 같다는 것입니다. 하지만 그 표현은 다를 것입니다.

나는 나의 부모를 이 방에 있는 다른 누구의 부모보다 "더 많이" "사랑"하겠지만, 그것은 질에서가 아니라 양에서입니다. 사랑은 기본적으로 똑같지만, 분명히 다른 방식으로 표현될 것입니다. 그것은 내가 나의 부모를 사랑하기에 여러분의 부모를 덜 사랑한다거나, 나의 부모가 여러분의 부모보다 더 좋은 사람이라는 뜻이 아닙니다. 그것은 다만 나는 그들을 선택했다는 의미입니다. 그들과의 관계를 통해 용서를 배우고, 용서가 내게 하나님의 사랑을 기억하도록 하기 때문입니다. 그것은 누군가와 더 깊은 관계를 맺는다면 죄책감을 느껴야한다는 의미가 아닙니다. 복음서에도 이를 명확하게 보여주는 예가 있습니다. 예수는 어떤 제자와는 다른 제자보다 더 가깝고, 다른 추종자들보다 제자들과 더 가까웠습니다. 그것은 예수가 어떤 사람은 덜 사랑했다는 뜻이 아니라, 사랑의 표현이 어떤 사람들과는 더 친밀하고 깊었다는 뜻입니다.

거룩한 관계는 누군가를 사랑할 때 다른 사람을 배제하지 않는다는 뜻입니다. 즉 그 관계는 누군가의 희생으로 이루어지지 않습니다. 특별한 사랑에는 언제나 누군가의 희생이 있습니다. 그것은 어떤 누군가를 다른 사람과 비교하고, 누군가는 부족하고 누군가는 수용할만하다는 비교의 사랑입니다. 거룩한 관계는 이 세상에서의 사랑과 같지 않습니다. 여러분은 다만 자신에게 특정한 사람이 "주어"졌고, 여러분은 그들을 선택했으며, 그들을 통해 교훈을 배우고 가르칠 수 있다는 것을 인식하면 됩니다. 그러나 그것이 그 사람을 다른 사람보다 더 좋거나 나쁘게 하지 않습니다. 다시 말해 다른 사람을 배제하는 정도에 따라 그 관계가 거룩한 관계인지 특별한 관계인지를 언제든지 구분할 수 있습니다.

4장
바른 마음 : 성령의 사고체계

기적수업에는 예수가 우리의 애정 어린 모든 생각을 간직하고 그 생각들의 모든 오류를 깨끗이 정화했다는 (T-5.IV.8:3-4) 아름다운 구절이 있습니다. 예수는 그것을 우리의 실재로 만들기 위해 그것이 사실임을 우리가 인정하기만을 바라고 있습니다. 그러나 우리가 여전히 죄책감을 붙들고 있다면 그것을 사실이라 인정할 수 없습니다. 이제 이 모든 죄책감을 놓아주는 성령의 완벽한 방법을 검토해볼까 합니다.

분노-용서

성령은 매우 총명합니다. 성령은 스스로 총명하다고 자부하는 에고보다 언제나 한 발짝 앞서 있습니다. 성령은 에고가 우리를 십자가에 못 박고 우리를 죄책감의 감옥에 가두기 위해 사용하는 바로 그 투사를 역으로 이용해서, 에고와의 전세를 뒤집어 놓습니다. 투사를 영사기라 하고, 내가 바로 그 영사기라고 가정해봅시다. 나라는 영사기는 나의 죄책감이라는 필름을 늘 상영하고 있습니다. 즉 내가 이 세상을 나의 죄책감으로 가득 채운다는 말입니다. 나는 나의 필름에서 상대방이란 스크린에 이 죄책감을 투사하여, 모든 사람 안에서 죄와 죄의 책임을 보는 것입니다.

다시 말하자면, 그것이 죄책감을 없애는 길이라는 에고의 논리를 내가 따르고 있기 때문에 그러는 것입니다. 이렇게 되면 나 혼자서는 나의 죄책감을 다룰 길이 없습니다. 죄책감의 얼굴을 보게 된다면 살아남을 길이 없습니다. 그것은 너무도 충격적인 생각입니다. 그런데 죄책감을 놓아주는 척하다가 오히려 죄책감을 강화함으로써 나를 공격하는 데 에고가 사용해온 바로 그것이, 즉 나의 죄책을 바깥에 둔다는 그 작용 기전이 죄책감을 놓아줄 기회를 제공하기도 합니다. 바로 그것이 순수하고 완전한 용서입니다. 용서는 죄책의 투사를 해제하는 것입니다.

다시 말하자면, 내가 혼자서 감당할 수 없고 놓아주지 못하는 죄의 책임을 당신이라는 스크린에 투사하는 것이 나에게 그것을 다른 관점에서 볼 수 있는 기회를 주는 것입니다. 내가 당신 안에서 넘겨보고 용서하는 죄와 죄책감은 사실 내가 나 자신의 탓으로 돌리는 죄와 죄책감과 다를 바 없습니다. 하지만 죄의 내용이 같다는 것이지, 형태가 같다는 말은 아닙니다. 형태는 매우 다를 수 있습니다. 당신 안에서 죄를 용서하면, 사실 나 자신 안에서 그것을 용서하는 것입니다. 이것이 기적수업 전체의 핵심입니다. 기적수업에 실린 모든 내용은 사실 이것을 말하고 있는 것입니다. 우리는 우리의 죄책을 다른 사람에게 투사하고, 따라서 우리가 성령이 권하는 대로 그 사람을 본다면, 즉 그리스도의 눈을 통해 본다면 우리는 우리 자신에 대한 생각을 완전히 역전시킬 수 있습니다.

나는 나의 어둠을 당신에게 투사하여 당신 안에 있는 그리스도의 빛을 흐리게 한 것입니다. 나는 당신에게 당신은 어둠에 있지 않다고, 당신은 사실은 빛에 있다고 말하기로 결정함으로써, 이는 내가 네 안에 둔 어둠을 놓아 보내주는 결정입니다. 나는 사실은 나 자신에 대해서도 똑같이 선언하는 것입니다. 나는 그리스도의 빛이 당신 안에 있을 뿐 아니라 내 안에서도 빛나고 있다고 말하는 것입니다. 사실 그것은 같은 빛입니다. 그것이 용서입니다.

그렇다면 이 말은 우리는 삶 속에서 만나는 모든 사람에게, 특히 가장 힘들었던 사람에게 감사해야 한다는 뜻입니다. 우리가 가장 미워했던 사람, 우리가 가장 불쾌하게 여겼던 사람, 같이 있기가 가장 거북했던 사람, 그들이 바로 성령이 우리에게 "보낸" 사람들입니다. 우리가 비록 처음에는 그들에게 우리의 죄책을 투사하고 싶어했지만, 그들에 대하여 다른 선택을 내릴 수 있다는 것을 성령이 그 사람들을 통해 보여줄 수 있습니다. 그들이 우리의 삶이라는 스크린과 필름 속에 담겨 있지 않았다면 우리는 이 죄책감이 사실 우리 안에 있었음을 몰랐을 것입니다. 그랬다면 죄의 책임을 놓아 줄 수 있는 기회가 없었겠지요. 오직 다른 사람 안에서 본 죄의 책임을 용서해야만 우리는 우리 자신의 죄책을 용서하여, 거기에서 해방될 수 있습니다. 죄의 책임을 다른 사람 안에서 용서함으로써, 우리 안에서 그것을 용서하는 것입니다. 이 몇 줄 안 되는 글에 기적수업의 내용 전체가 담겨져 있습니다.

용서는 그러므로 세 가지의 기본적인 단계로 요약될 수 있습니다. 문제는 나의 스크린에, 바깥에 있는 것이 아니라 내면에, 즉 나의 필름에 있다는 점을 인식하는 것이 첫 번째 단계입니다. 나의 분노는 언제나 문제가 나의 바깥인 당신에게 있고, 내가 바뀌지 않아도 되게끔 당신이 바뀌어야 한다고 주장합니다. 하지만 첫 단계는 나의 분노가 정당하지 않다는 것입니다. 그러므로 첫 단계는 문제는 바깥에 있지 않고, 오히려 내 안에 있다고 말합니다. 이 단계가 그렇게 중요한 것은 하나님이 문제에 대한 답^{Answer}을 우리 내면에 두셨기 때문입니다. 성령은 우리 바깥이 아니라 우리 안에, 우리 마음에 있기 때문입니다. 투사가 늘 해오던 식으로 문제를 우리 바깥에 두겠다고 고집하면 우리는 문제를 답에서 떼어 놓습니다. 정확하게 그것이 에고가 원하는 바입니다. 에고의 문제에 성령이 답한다면 에고는 더 이상 존재하지 않기 때문입니다.

그러므로 에고는 빙빙 돌려서 눈치 채지 못하게끔 문제는 우리 바깥에, 다른 사람 즉 부모나 교사, 친구, 배우자, 자녀, 대통령에게 혹은 주식 시세나 날씨, 심지어 하나님에게 있다고 믿게 합니다. 우리 모두는 문제가 있지 않은 곳에서 문제를 보는 데 능숙하기에, 문제의 답은 문제에서 떨어진 채 유지될 수 있습니다. 이것을 명확하게 밝히는 부분이 연습서 79과와 80과로, "문제를 인식하여 문제가 해결될 수 있게 하소서"와, "나의 문제들이 해결되었음을 인식하게 하소서"

입니다. 문제는 오직 하나입니다. 그것은 분리가 실재라는 믿음 혹은 죄책감의 문제이며, 문제는 언제나 내면에 있지 바깥에 있지 않습니다. 용서의 첫 단계는 다시 말하지만, 문제는 당신 안에 있지 않고, 내 안에 있다고 말하는 것입니다. 죄의 책임은 당신에게 있는 것이 아니라 나에게 있습니다. 문제는 내가 투사하는 스크린에 있지 않습니다. 그것은 죄책감으로 물든 내면의 필름에 있습니다.

이제 두 번째 단계로 들어가는데, 이는 우리가 피할 수만 있다면 무슨 일이라도 하려는 가장 힘든 단계로, 필름 자체 즉 우리 자신의 죄책을 다루는 것입니다. 다시 말하지만, 죄책을 감당하기가 특히 힘들었기에 우리 모두는 분노와 공격을 정당화하고, 세상을 선과 악으로 나누는 데 그토록 몰두하는 것입니다. 우리가 거기에 몰두하는 한, 우리는 두 번째 단계 즉 우리 자신의 죄책감과 자기 증오의 모든 감정을 바라보는 단계를 다루지 않아도 됩니다.

첫 단계는 나의 분노는 나의 죄책을 투사하기로 내린 결정이라고 말하는 것입니다. 이제 두 번째 단계로, 바로 이 죄책감 자체도 하나의 결정을 나타낸다고 말하는 것입니다. 죄책감은 나 자신을 죄 없다고 보지 않고 죄 있다고 보겠다는 결정을 나타냅니다. 나는 에고의 아들이 아니라 하나님의 아들이며 나의 진짜 집^{Home}은 이 세상에 있지 않고, 나의 진짜 집^{Home}은 하나님 안에 있다고 인정해야 합니다. 우리는 우리의 죄책을 바라보고 그것이 우리의 진정한 실체가 아니라고 말하기 전에는 그럴 수 없습니다. 우리는 그렇게 말할 수 있으려면 먼저 누군가에게 "당신은 내가 당신이라고 생각하는 그런 존재가 아닙니다. 당신은 진정으로 하나님이 창조하신 그대로입니다."라고 말해야 합니다.

기적수업에는 두 번째 단계가 얼마나 끔찍한지를 매우 강력하게 언급하는 구절들이 있습니다. 사람들이 종종 오해하는 점은, 특히 기적수업을 처음 몇 번 볼 때에는, 기적수업을 대단히 쉬운 것으로 여긴다는 것입니다. 여러분이 주의 깊게 읽지 않는다면 기적수업은 오해를 살 법도 합니다. 기적수업은 한편으로는 수업을 터득하는 것이 매우 쉽다고 설명합니다. 우리 모두가 "하나님 안에서 평안하며, 망명을 꿈꾸고" 있다고 하며(T-10.I.2:1), 우리가 마음만 바꾼다면 이 모든 것을 순식간에 이룰 수 있다고 설명합니다. 우리는 이러한 구절들을 읽고는 이 과정에 수반되는 모든 공포와 불편함, 거부감 그리고 우리가 우리의 죄책감을 한 단계씩 다루어 나가면서 직면하게 될 갈등에 대해서는 잊고 맙니다.

그 누구도 자신의 죄책감과 두려움을 다루지 않고서는 에고를 보낼 수 없는데, 왜냐하면 그것이 바로 에고의 실체이기 때문입니다. 복음서에서 예수는 "자기 십자가를 지고 나를 따르지 않는다면, 나의 제자가 될 수 없다 (마태10:38, 마가 8:34, 누가 14:27)"고 말하는데, 이는 바로 그 점에 대해 말하는 것입니다. 자신의 십자가를 진다는 말은 자신의 죄책감과 두려움을 다루어 에고를 초월한다는 것입니다. 고난 없이 이 과정을 통과할 길은 없습니다. 물론 고난은 하나님이 우리에게 뜻Will 하시는 바가 아닙니다. 그것은 우리의 뜻will입니다. 죄책감을 만든 장본인은 우리 자신이고, 따라서 그것을 보내려면 먼저 우리는 그것을 바라봐야만 하는데 그 일은 매우 고통스러울 수 있습니다. 이 과정과 거기에 따르는 공포가 얼마나 큰지에 대해 특별히 언급하는 곳이 170과와 196과입니다 (W-pI.170, W-pI.196.9-12). 교과서의 "두 세상"이라는 절節도 우리가 거쳐야 할 공포로 보이는 것과 하나님에 대한 두려움을 다루는 공포에 대해 말하고 있습니다. 평화를 가로막는 마지막 장애물인 하나님에 대한 두려움은 우리의 죄책감이 가장 깊게 묻혀 있는 곳입니다.

그러므로 두 번째 단계는 우리의 죄책감을 바라보고, 우리가 죄책감 만들었으며, 그것은 하나님께서 우리에게 주시는 선물이 아니라 우리 자신을 하나님이 창조하시지 않은 것으로 보겠다는 우리의 결정이라고 말하는 용의를 내는 것입니다. 우리 자신을 하나님이 창조하시지 않은 것으로 보는 것은 우리 자신을 사랑의 자녀로 보지 않고 죄책감의 자녀로 보는 것입니다. 기적수업은 우리가 죄책감을 만들었기에 죄책감을 해제할 수 있는 자는 우리가 아니라는 것을 매우 분명하게 강조합니다. 죄책감을 해제하려면 우리는 에고 밖에서 오는 도움이 필요합니다. 이 도움이 성령입니다. 우리는 오직 성령을 초대하여 에고의 사고체계를 바로잡고 우리에게서 죄책감을 가져가게 하기로 선택할 수 있습니다. 그것이 세 번째 단계입니다. 두 번째 단계는 사실상 "나는 더 이상 나 자신을 죄인으로 보고 싶지 않습니다. 내게서 죄책감을 가져가소서."라고 성령께 말하는 것입니다. 세 번째 단계는 성령의 몫입니다. 성령은 그저 죄책감을 가져가 버리는데, 왜냐하면 성령은 이미 그것을 가져가 버렸기 때문입니다. 우리가 이 사실을 수용하는 것만이 유일한 문제입니다.

그러므로 세 단계를 다시 정리하면, 첫 단계는 문제는 나의 바깥에 있지 않다고 말함으로써 분노의 투사를 해제하는 것입니다. 문제는 내 안에 있습니다. 두 번째 단계는 내 안에 있는 문제는 내가 만든 것이고, 나는 이제 더 이상 그것을 원하지 않는다고 말하는 것입니다. 세 번째 단계는 우리가 그것을 성령께 넘기고 성령이 그것을 우리에게서 가져갈 때 일어납니다.

이 단계들이 매우 간단한 것 같지만, 운이 좋아야 여러분은 그것을 한 생애에 통과할 것입니다. 여러분은 이것이 하루아침에 이루어진다고 믿지 말아야 합니다. 더러는 연습서 일 년 과정을 끝내면 왕국에 있을 거라는 마술 같은 희망을 품기도 합니다. 여러분이 연습서 제일 마지막에서 "이 수업은 시작이지 끝이 아니다 (W-pII.ep.1:1)"는 구절을 읽기 전까지는 그렇게 믿어도 됩니다. 연습서의 목적은 우리를 바른길로 들어서게 하고, 성령과 접하게 하며, 그 후로는 성령과 함께 일하도록 안내하는 것입니다. 우리의 죄책감을 해제하는 일은 평생의 작업입니다. 왜냐하면 우리 안의 죄책감은 너무나 크고, 만일 우리가 그것을 한꺼번에 직면한다면 감당해 내지 못할 것이며, 우리는 맞아 죽거나 미쳐버릴 거라고 믿을 것이기 때문입니다. 그러므로 우리는 그것을 한 번에 한 덩어리씩 다루어야만 합니다. 우리의 삶을 이루는 다양한 경험과 상황들은 우리를 유죄에서 무죄가 되게 하는 성령 계획에 활용될 수 있습니다.

기적수업은 종종 시간 절약에 대해 언급합니다. 사실, 수천 년의 시간을 절약한다고 여러 번 서술하고 있습니다 (예 T-1.II.6:7). 시간이란 허상의 세상에서 이는 여전히 상당히 오랜 시간입니다. 내가 이 점을 강조하는 이유는 여러분이 기적수업의 과제를 실천해나가는 과정에서 여전히 문제를 안고 있더라도 죄책감을 느끼지 않기를 바라기 때문입니다. 기적수업이 실천하라는 과제의 진정한 목표는 문제에서 해방되는 것이 아닙니다. 문제가 무엇인지 인식한 다음 우리의 내면에서 문제를 해제하는 수단을 인식하는 것입니다.

다시 말해, 기적수업의 목적은 에고의 사고체계와 성령의 사고체계 즉 우리의 그른 마음과 바른 마음을 매우 명확하게 설명한 다음, 우리가 그른 마음에 반대하고 용서와 성령을 선택할 수 있게 하는 것입니다. 이것은 진도가 느린 과정이며 우리는 인내해야 합니다. 아무도 하루아침에 죄책에서 빠져나올 수 없습니다. 에고를 초월했노라고 말하는 사람은 아마도 그러지 못했을 것입니다. 정말로 에고를 초월했다면 그런 수준을 넘어섰을 것이기에 그런 말조차 하지 않았을 것입니다.

이제 죄책감에서 어떻게 해방되는 지에 대해 구체적으로 이야기해 보겠습니다. 예수와 성령이 우리의 삶 속에서 일어나는 상황들을 우리가 어떻게 다루기를 청하는지를 여기에서 볼 수 있습니다. 나는 아버지의 집에 머무르려고 애쓰며 여기에 앉아있는데 (누가 2:49) 누군가 들어와서 나를 모욕하거나 내게 무언가 던진다고 합시다. 그 순간 내가 바른 마음에 있지 않다고 가정해봅시다. 달리 표현하면 나는 나 자신을 에고라고 믿고 있다는 것입니다. 나는 두렵고 죄책감을 느끼며, 하나님이 나와 함께 하신다고 믿지 않습니다. 나는 나 자신에 대해 정말로 만족스럽지 않습니다. 그런데 당신이 들어와 고함을 치고 폭언을 하며 온갖 일로 나를 비난합니다. 어떤 면에서는 나는 내게 죄가 있다고 믿기에 당신의 공격이 정당하다고 믿을 것입니다. 그것은 당신이 무엇을 말했는지 혹은 말하지 않았는지와는 아무 상관이 없고, 당신이 하는 말이 진실이든 아니든 상관이 없습니다. 내게 이미 죄가 있다는 사실이 내가 처벌받아야 하고 공격받아야 한다고 믿기를 요구할 것이기 때문입니다. 당신은 들어와서 내가 예상하는 바로 그 일을 합니다. 그것은 두 가지 작용을 할 것입니다. 첫째로 나에 대한 당신의 공격은 내가 이미 느끼는 모든 죄책감을 강화할 것입니다. 둘째로 그것은 당신이 이미 느끼는 죄책감을 강화할 것입니다. 왜냐하면, 죄책감을 느끼지 않는 사람은 공격하지 않을 것이기 때문입니다. 나에 대한 당신의 공격은 당신 자신의 죄책감을 강화할 것입니다.

이 상황에서 나도 가만히 당하고 있지만은 않을 것입니다. 나는 둘 중 하나를 하겠지만, 사실 그 둘은 같습니다. 나는 구석에서 울면서 당신이 얼마나 지독하게 나를 대했는지, 당신이 내게 얼마나 큰 고통을 주었는지, 내가 얼마나 비참한 기분인지 보라고 하면서, 당신이 여기에 대해 책임을 느껴야 한다고 말합니다. 내가 주려는 메시지는 '당신이 내게 한 끔찍한 짓 때문에 지금 나는 괴롭다는 것'입니다. 나는 그런 방식으로 당신이 한 일로 인해 당신은 죄책감을 느껴야 한다고 말하는 것입니다. 앞의 것과 본질은 같지만 다른 형태는 반격하는 것입니다. 나는 당신에게 "어디서 굴러 온 작자가 내게 욕하는 거요? 정말로 막돼먹은 인간이로군" 등등 욕을 퍼부을 것입니다.

내가 펼치는 이런 방어들은 당신이 내게 한 일에 대해 죄책감을 느끼게 하는 방법들입니다. 내가 당신에게 그렇게 한다는 것 자체가 공격이며 공격한 나는 죄책감에 시달릴 것입니다. 이미 죄책감을 느끼는 당신에게 내가 죄책감을 덮어씌운다는 사실이 당신의 죄책감을 강화하는 것입니다. 그러므로 당신의 죄책감과 나의 죄책감이 만나면 우리는 서로 안에 있는 죄책감을 더욱 강화하고, 따라서 우리가 이미 살고 있는 감옥살이의 형량을 더 늘리는 것입니다.

이번에는 당신이 들어와서 나를 모욕하지만, 나는 바른 마음에 있고 스스로에 대해 만족한다고 가정해봅시다. 나는 하나님이 나와 함께하신다는 것과 하나님이 나를 사랑하신다는 것을 알고 있기에 그 무엇도 나에게 상처를 줄 수 없습니다. 당신이 내게 무슨 짓을 하더라도 나는 하나님이 나와 함께 하심을 알고 있기에, 나는 내가 완벽하게 안전하다는 것을 압니다. 당신이 무슨 말을 하든지, 설령 어떤 수준에서는 그것이 사실일지 몰라도 더 깊은 수준에서는 사실일 수 없습니다. 왜냐하면, 나는 하나님의 아들이고 따라서 나는 아버지의 완벽한 사랑을 받고 있음을 알고 있기 때문입니다. 당신이 내게 무슨 말을 하건 어떤 행동을 하건 그 사랑을 내게서 앗아갈 수는 없습니다.

내가 여기 앉아 있고 당신이 들어 와 나를 모욕할 때 내 상태가 그러하다면, 나는 당신이 내게 한 일을 달리 볼 수 있습니다. 신약성서 요한 1서에 "온전한 사랑은 두려움을 내쫓나니 (요한1서 4:18)"라는 아름다운 구절이 있습니다. 예수는 그것을 기적수업에서 다른 방식으로 여러 차례(예를 들면 T-13.X.10:4; T-20.III.11:3) 인용합니다. 그것은 온전한 사랑이 두려움을 내쫓을 뿐 아니라 온전한 사랑은 죄와 죄책감 그리고 모든 종류의 고통과 분노를 내쫓는다는 의미입니다. 하나님의 사랑으로 충만하면서 (그리고 하나님의 사랑과 동일시하면서) 두려워하고 분노하고 죄책감을 느낀다거나 누군가를 해치려고 할 자는 없습니다. 하나님의 사랑을 느끼면서 누군가를 해치려는 것은 절대 불가능합니다. 사랑을 느낀다면 도저히 그럴 수 없습니다.

이 말은 당신이 나를 해치려고 한다면, 그 순간 당신은 자신이 하나님의 사랑으로 충만하지 않다고 믿고 있다는 뜻입니다. 바로 그 순간에 당신은 자신을 하나님의 아들로 여기지 않고 있습니다. 당신은 하나님을 자신의 아버지로 믿지 않고 있으며, 에고의 상태에 있기에, 위협을 느끼고 죄 있다고 느낄 것입니다. 여러분은 하나님이 여러분을 붙잡으려 한다고 느낄 것입니다. 당신이 이러한 죄책감을 견뎌내는 유일한 방법은 형제를 공격하는 것입니다. 죄책감이 하는 일은 언제나 바로 그것입니다. 따라서 당신이 나를 모욕하고 공격하는 것은 사실은 "제발 내가 틀렸다고 가르쳐주세요. 나를 사랑하는 하나님이 계시고, 나는 하나님의 자녀라고 가르쳐주세요. 나는 받을 수 없다고 믿지만 사실은 사랑받고 있음을 내게 보여주세요."라고 말하고 있는 것입니다. 그래서 공격은 도와달라는 요청이요 사랑을 구하는 외침입니다.

교과서 12장 1절 "성령의 심판"(T-12.I)은 그 점을 분명하게 적고 있습니다. 성령의 눈에는 모든 공격은 도와달라는 요청 혹은 사랑을 구하는 외침입니다. 왜냐하면, 사랑 받고 있다고 느낀다면 결코 공격하지 않기 때문입니다. 공격은 그 사람이 사랑 받고 있다고 느끼지 못한다는 사실을 말해주며 따라서 공격은 사랑을 구하는 요청입니다. 공격은 "내가 틀렸다는 것을 보여 주세요. 나는 에고의 자녀가 아니라 하나님의 자녀라는 것을 보여주세요."라고 말하는 것입니다. 만약 내가 바른 마음 상태에 있다면 나는 그렇게 들을 것입니다. 나는 공격 속에서 사랑을 구하는 요청을 들을 것입니다. 그 순간 나는 자신을 하나님의 사랑이라고 여기는데, 그 사랑을 확장하는 것 외에 달리 반응할 길이 있겠습니까?

내가 공격에 반응하는 구체적인 형태는 성령에게 달려 있습니다. 내가 만약 바른 마음에 있다면 나는 성령께 내가 어떻게 반응해야 하느냐고 물을 것이고, 성령이 내가 어떻게 반응해야 하는지 보여줄 것입니다. 내 행위의 형태는 중요하지 않습니다. 이것은 행위의 수업이나 태도의 수업이 아니라 우리의 사고를 바꾸는 수업입니다. 기적수업이 말하듯이 "세상을 바꾸려고 하지 말고, 세상에 대한 마음을 바꾸기로 선택 (T-21.in.1:7)"해야 합니다. 우리가 성령을 따라 생각한다면 우리가 하는 모든 것은 옳을 것입니다. 일찍이 성 아우구스티누스는 "사랑하라 그리고 네가 뜻하는 것을 하라."고 말하였습니다. 우리가슴에 사랑이 있다면 우리가 하는 일은 모두가 옳을 것입니다. 우리 가슴에 사랑이 없다면 우리가 하는 모든 일은, 그것이 무엇이든 간에, 틀렸을 것입니다. 그러므로 나의 관심사는 당신이 나를 공격할 때 내가 무엇을 하는가에 있지 않습니다. 어떻게 내가 나의 바른 마음에 머물러 성령께 무엇을 해야 하느냐고 물을 수 있는 데에 있습니다. 다시 말해, 내가 바른 마음에 있다면 나는 당신의 공격을 전혀 공격으로 보지 않고 도와달라는 요청으로 볼 것입니다.

이렇게 판단하는 것이 매우 중요합니다. 성령이 말한 바에 따르면, 이 세상에서 우리가 사람이나 사건에 대해 내릴 수 있는 판단은 두 가지밖에 없습니다. 그것은 사랑의 표현이거나 사랑을 구하는 요청입니다. 다른 대안은 있을 수 없으며, 일단 그렇게 생각하면 이 세상의 삶은 지극히 단순해집니다. 누군가 여러분에게 사랑을 표현하면, 사랑을 표현하여 돌려주는 것 말고 달리 반응할 길이 있겠습니까? 형제나 자매의 마음이 사랑을 요청한다면, 사랑을 주지 않고 달리 반응할 길이 있겠습니까? 그것이 이 세상에서의 삶을 지극히 단순하게 만듭니다. 그것은 우리가 무엇을 하든지 세상이 우리에게 무엇을 하는 것처럼 보이든지 간에, 우리의 반응은 언제나 사랑의 반응일 것입니다. 그것은 모든 것을 정말로 단순하게 만듭니다. 기적수업이 말하듯이 "복잡함은 에고의 속성이며"(T-15.IV.6:2), 단순함은 하나님의 속성입니다. 우리가 하나님의 원리를 따르면, 우리가 하는 모든 것은 언제나 같을 것입니다. 교과서 15장 마지막 절은 새해 첫날에 쓴 것으로, 예수는 새해 결심으로 "올해를 모두 똑같게 만들어서 다른 한 해가 되게 하라 (T-15.XI.10:11)"고 제안합니다. 만약 여러분이 모든 것을 사랑의 표현이나 사랑의 요청으로 본다면, 여러분은 늘 같은 방식으로, 즉 사랑으로 반응할 것입니다.

용서는 상대방의 공격이라는 어둠 너머를 보는 것이며 어둠이 아니라 빛을 구하는 요청으로 보는 것입니다. 그것이 그리스도의 비전이며, 기적수업의 목표는 우리 삶의 모든 상황과 사람들을 예외 없이 바로 이 비전으로 만나도록 돕는 것입니다. 단 하나라도 예외를 두는 것은 사실상 나는 나의 일부를 죄책감의 어둠 안에 숨겨두고 싶고, 결코 어둠에 빛을 비춰 해방하고 싶지 않다고 말하는 것입니다. 내가 죄책감을 숨겨두는 법은 그것을 상대에게 투사하고 상대 안에서 어둠의 얼룩을 보는 것입니다. 기적수업이 묘사하는 최후의 광경은 "사람들에게 그리스도의 얼굴을 가리는 한 점의 어둠도 남아 있지 않다 (T-31.VIII.12:5)"는 것으로 교과서 제일 끝부분에 서술되어 있습니다. 그때 우리 안에서 죄책감의 모든 구름은 걷힐 것입니다. 그때 우리는 예수의 얼굴이 아니라 그리스도의 얼굴을 보게 될 것입니다. 그리스도의 얼굴은 우리가 세상 모든 사람 안에서 보게 될 결백의 얼굴입니다. 그 시점에서 우리는 그리스도의 비전을 얻게 되며, 그것이 바로 기적수업이 실재 세상이라고 말하는 것으로, 천국에 이르기 전의 마지막 목적지입니다.

우리 삶에서 이것이 의미하는 바는 일어나는 모든 일 하나하나를, 우리가 태어나는 순간부터 죽는 순간까지 그리고 아침에 일어나는 순간부터 밤에 잠들기 전까지, 성령이 우리를 도와 우리가 우리 자신을 죄 없는 존재로 보게 하는 기회로 볼 수 있다는 것입니다. 우리가 삶 속에서 만나는 사람들을 보는 방식은 우리가 우리 자신을 보는 방식입니다. 따라서 가장 까다롭고 문제가 되는 사람은 우리에게 크나큰 선물입니다. 우리가 그들과의 관계를 치유할 수 있다면, 우리가 진정으로 하고 있는 일은 하나님과의 관계를 치유하는 것이기 때문입니다.

우리가 다른 사람 안에서 보는 문제, 우리의 삶에서 제외하기를 원하는 문제 하나하나는 사실상 우리 자신의 죄책감의 어떤 부분을 우리 자신으로부터 제외하여 그것을 보내지 않아도 되기를 은밀히 바라는 것입니다. 그것이 에고가 가진 죄책감의 끌어당김입니다. 우리의 죄책감에 들러붙는 가장 좋은 방법은 누군가의 머리를 후려치는 것입니다. 우리가 그러한 유혹에 흔들릴 때마다, 기적수업은 우리 어깨를 토닥거리며 "나의 형제여, 다시 선택하라 (T-31.VIII.3:2)"고 말하는 이가 우리와 함께 한다고 말합니다. 선택은 언제나 용서할 것인가 말 것인가입니다. 누군가를 용서하겠다는 선택은 우리 자신을 용서하겠다는 선택입니다. 안과 밖은 다르지 않습니다. 모든 것은 우리가 내면에서 느끼는 것의 투사입니다. 우리가 안에서 죄의 책임을 느낀다면, 우리는 죄의 책임을 밖으로 투사할 것입니다. 우리가 안에서 하나님의 사랑을 느낀다면, 우리는 밖으로 그 사랑을 확장할 것입니다. 우리 삶에서의 모든 사람과 모든 상황은 우리에게 우리 마음의 영사기 안에 무엇이 들어 있는지를 볼 기회를 제공합니다. 우리에게 다른 선택을 할 수 있는 기회를 제공합니다.

질문 : 전체적으로 괜찮은 아이디어로 들리기는 하지만, 막상 실제로 적용을 하게 되면 이야기는 다르지요. 해결책이 없어 보이는 곤란한 상황을 예로 들어보겠습니다. 당신이 학교의 프로젝트를 진행하기 위해 일하고 있다고 합시다. 그 일을 1시간 안에 마쳐야 하는데 누군가 당신을 귀찮게 합니다. 그때 당신은 선택권이 있습니다. 그 사람이 당신을 계속해서 귀찮게 하고 당신은 그 프로젝트를 완성하는 데 한 시간밖에 여유가 없습니다. 일할 수 있는 시간은 한 시간밖에 없는데 어떻게 해야 바른 마음 상태에서 바른 방식으로 분노를 표현할 수 있겠습니까?

답변 : 아주 좋은 질문입니다. 예일 대학교수인 헨리 나우웬이 이런 말을 한 적이 있습니다. 그가 일하는 도중 계속 방해를 받았는데 자신이 받고 있는 방해 자체가 자기 일이었다는 것을 나중에야 알게 되었노라고. 자주 방해 받을 것처럼 보이는 나 같은 사람은 여기서 매우 도움이 되는 교훈을 발견할 수 있을 것입니다. 몇 가지 지침을 들어보기로 합시다.

사실 그 한 시간을 당신은 어떻게 보내야 한다고 생각하는지가 우리가 고려해야 할 사안입니다. 그 시간에 당신의 목적을 위해 써야 한다고 믿는지 아니면 하나님의 목적을 위해 써야 한다고 믿는지에 달려 있습니다. 당신은 한 시간이 걸릴 것이라 여겼지만, 그 일은 한 시간이 걸리지 않는 일이었는지도 모릅니다. 어쩌면 그 일은 사실 아예 할 필요가 없을지도 모릅니다. 그리고 어쩌면 당신을 귀찮게 하는 그 사람이 그 일보다 더 중요할 수도 있습니다. 어쩌면 둘 다 중요할 수도 있습니다. 어쩌면 그 일을 끝마쳐야만 하고 그 사람에게 주는 용서의 표현이 필요할지도 모릅니다. 이때 믿음을 갖는 것이 중요합니다. 지금까지는 용서의 과정에서 우리가 해야 하는 역할에 대해 말했습니다. 기적수업은 우리 혼자서는 용서할 수 없으며 우리를 통해 성령이 용서한다는 점을 명확히 밝히고 있습니다. 당신이 무엇을 하더라도 틀릴 것 같은 상황에 처할 때 믿음을 가진다면 그것이 우연히 일어난 게 아니라는 것을 알아차릴 것입니다. 이것은 당신뿐만 아니라 상대방에게도 중요한 교훈입니다.

그다음 당신이 해야 할 일은 내면으로 가서 어떤 형태로건 자신의 방식으로 기도하는 것입니다. "나는 이 프로젝트를 끝마치고 싶은데 이 사람은 도와 달라고 소리칩니다. 나는 이 사람을 골칫거리로 보지 않고 나의 형제자매로 보고 싶습니다. 도와주세요!" 당신이 해야 한다고 생각하는 일을 하면서 그 누구에게도 상처 주지 않는 것이 당신의 진정한 목표라면, 어떤 식으로건 해결될 것입니다.

그것이 바로 기적입니다. 기적은 결코 밖에서 일어나는 마술적인 것이 아닙니다. 기적은 그 상황을 해결하게 하는, 여러분의 내면에서 일어나는 것입니다. 여러분이 해결할 길이 없어 보이는 상황에 처할 때마다 여러분은 바로 이 원리를 따라야 합니다. 그것은 여러분이 진심으로 다른 사람을 해치고 싶지 않고, 하기로 되어 있는 일도 하고 싶은데 어떻게 해야 할지 모를 때 따라야 할 원리입니다. 어떻게 해야 할지 모른다는 것이 우리가 할 수 있는 가장 정직한 말입니다. 우리가 절대적으로 확신한다고 느낄 때조차도 우리는 혼자서는 무엇을 해야 하는지 진정으로 모르기 때문입니다. 하지만 우리 안에 알고 있는 이가 있습니다. 그이가 우리가 다가갈 수 있는 자입니다. 그것이 우리 문제의 진정한 답이며, 우리가 가진 모든 문제의 답일 것입니다.

이제 "성전에서의 예수"에 대해 이야기하기로 합시다. 이것은 내가 분노에 대해 강의를 할 때마다, 특히 기독교인을 대상으로 할 때는 거의 매번 받는 질문입니다. 여러분은 예수가 성전에서 있었던 때의 광경에 대해 알고 있습니다. 아마도 그 일은 일어났던 일일 것입니다. 그렇지 않다면 그 일이 네 복음서 모두에 (마태 21:12, 마가 11:15, 누가 19:45, 요한 2:15) 나오지 않았을 것입니다. 참고로 네 복음서 모두가 기록하고 있다는 것은 그 일이 일어났는지를 간접적으로 보여주는 한 가지 방법입니다. 마태, 마가, 누가라는 세 복음서가 한 그룹을 이루고 있고, 요한복음서가 있는데 그것은 뚜렷하게 다릅니다. 어떤 일이 네 복음서 모두에 기록되어 있다면 아마 일어났을 것입니다. 기록되어 있는 것이 언제나 정확한 것은 아니겠지만 아마 그 일은 일어났을 것입니다.

마태 마가 누가 복음서에서는 예수가 체포되기 직전인 생애 끝 무렵에 그 광경이 나옵니다. 요한 복음서에서는 공생애를 시작할 무렵에 나옵니다. 예수는 유대교에서 가장 신성한 곳인 예루살렘의 성전에 있었습니다. 사람들은 돈을 받고 온갖 것을 팔고 있었습니다. 그들은 말 그대로 성전을 자기들의 목적에 성전을 이용했습니다. 그래서 예수가 그들에게 말했습니다. "너희가 내 아버지의 집을 도둑의 소굴처럼 대하는구나." 여기서 예수는 예레미야서(예 7:11)를 인용하고 있습니다. 그런 다음 예수는 돈 바꾸는 사람들이 일을 벌여 놓은 상을 엎고 그들을 성전 밖으로 쫓아냈습니다. 복음서 어디에도 예수가 분노했다는 기록은 없습니다. 그러나 예수가 분노에 해당할 수 있는 상태에 있었다고 간접적으로 묘사하는 부분은 있습니다. 그것은 사람들이 "의로운 분노"라 부르는 것을 정당화하는 데 이용하는 유일한 사건입니다. 아무튼, 그들은 예수도 분노했는데 나는 분노하면 안 되느냐고 말합니다. 여기서 흥미로운 점은 그들은 예수가 분노에 대해 어떤 관점을 가지고 있는지 복음서에서 매우 분명하게 밝혀둔 다른 모든 부분은 잊어버린다는 점입니다. 산상수훈만 읽어봐도 예수는 이렇게 말하고 있습니다. "너희는 율법에서 살인하지 말라고 읽었다. 나는 너희에게 말하노니 노하지도 말라 (마태 5:21-22)." 그것은 매우 명확한 선언이고, 그의 생애 마지막에 그가 했던 일을 정확하게 묘사하고 있습니다. 예수만큼 분노하는 게 정당하게 보일 수 있는 사람은 없을 것 같았으나, 그는 전혀 분노하지 않았습니다.

사람들이 하나의 사건에만 몰두하고 나머지 모두는 잊어버리려고 한다는 것은 매우 재미있는 현상입니다. 나는 그 장면을 해석하는 데에는 세 가지 방식이 있다고 생각합니다. 그 중 하나는 그 일이 기록된 것처럼 일어나지는 않았다는 것입니다. 이것은 회피하는 핑계로 보일 수 있겠지만, 예수가 했다는 수많은 분노의 말들이 사실은 전혀 예수가 한 말이 아니고 초대 교회들이 자신들의 입장을 정당화하기 위해 예수의 말로 돌렸다는 것을 뒷받침하는 충분한 증거들을 현대 성서 학회에서도 주장하고 있습니다. 예수가 했다고 인용하는 구절로 "나는 평화를 주러 온 게 아니라 검을 주러 왔다 (마태 10:34)"는 구절이 있는데, 공교롭게도 예수는 이를 기적수업에서 재해석하였습니다 (T-6.I.15:2). 매우 권위 있는 가톨릭 학술서인 제롬 성서 해석에서는 어떻게 평화의 왕자가 그런 말을 할 수 있었겠느냐고 묻고는 그것은 예수가 아니라 초대 교회에서 나온 말로 결론 내립니다. 그러므로 한 가지 분명한 가능성은 예수는 기록되었듯이 성전에서 그렇게 하지 않았다는 것입니다.

그러나 그것을 잠시 접어두고, 예수가 그런 식으로 했다고 가정한다면, 나는 예수의 행동을 이와 같이 이해하려고 합니다. 여느 다른 좋은 교사들처럼, 예수도 자신의 가르침을 가장 효과적으로 전달하는 법을 알고 있었습니다. 그 일은 유대교 3대 명절 중의 하나인 유월절을 맞아 예루살렘에 사람들이 가득 붐비는 가운데 일어난 매우 극적인 일입니다. 유월절에는 누구나 예루살렘에 있는 성전에 가야만 합니다. 그날은 바로 유월절 전날이었기에, 성전은 사람들로 붐볐습니다. 그곳은 유대인에게는 세상에서 가장 거룩한 장소였고, 바로 그곳에서 예수는 자기 아버지의 성전을 어떻게 대해야 하는지를 매우 명확하게 보여주기로 선택하였던 것입니다. 이것을 보는 한 방법은 그러므로, 예수는 개인적으로 화가 난 게 아니라, 가능하면 가장 극적이고 가장 설득력 있는 방법으로 논지를 전달하려고 노력했다는 것입니다.

우리가 분노에 대해 말할 때, 거기에는 세 가지 특징이 있는데 첫째는 분노에 찬 사람은 평화롭지 않다는 점입니다. 화는 났지만 평화로웠다고 주장하지는 않을 것입니다. 분노와 평화는 상호배타적입니다. 두 번째로는 화가 났을 때 마음은 하나님으로부터 가장 멀리 떨어져 있다는 것입니다. 여러분은 하나님에 대해 생각하지 않고 그 끔찍한 사람이 여러분에게 한 짓에 대해 생각합니다. 분노의 세 번째 특징은 여러분이 화를 내고 있는 대상과 관련이 있습니다. 여러분은 그 순간에는 그 사람을 전혀 형제나 자매로 보지 않습니다. 여러분은 그 사람을 명백하게 여러분의 적으로 보고 있으며, 그렇지 않다면 공격하지 않을 것입니다.

　나는 솔직히 예수가 그 당시에 세상적인 일로 인해 평화를 빼앗겨 아버지를 잊는다거나 세상의 누군가를 자신의 형제자매로 보지 않을 수 있었다는 것이 믿기지 않습니다. 그래서 나는 예수가 성전에서 했던 것은 우리가 화를 내듯이 화가 난 게 아니라 사람들이 그의 논지를 이해할 수 있도록 힘차게 가르침을 펼쳤다고 생각합니다. 복음서에서 예수가 군중을 가르치는 방식과 그와 가장 가까운 사도였던 요한, 야고보, 베드로를 가르치는 방식이 매우 다르다는 것을 분명하게 드러내는 예가 여러 곳 있습니다. (예로 마태 5, 마가 9:2를 읽어보시기 바랍니다.) 교사라면 누구나 알고 있듯이 가르침에는 여러 수준이 있습니다. 성전은 그의 논지를 주장하기 위해 사람들을 주의를 끌려던 공공장소였습니다. 따라서 예수는 자신이 쫓아낸 사람들에게 개인적으로 분노한 것은 아니었습니다.

　이 모든 것을 설명하는 세 번째 방식이 있는데, 그것은 예수가 에고 발작을 일으켰다는 것입니다. 예수가 도저히 참을 수 없으리만큼 북받치는 분노로 고함을 질렀다는 것입니다. 나는 개인적으로 예수가 그 당시 그럴 수 있었다고 믿어지지 않습니다. 만약 여러분이 예수가 에고발작을 일으켰다고 주장한다면, 문제는 왜 여러분은 예수를 내면에 있는 그리스도나 그가 가르쳤고 말하고 예증했던 다른 모든 것을 무시하고 그의 에고와 동일시하기를 원하는가라는 점입니다.

그러므로 세 가지 설명은 이러합니다. (1) 그 일은 그런 식으로 일어나지 않았다. (2) 그는 다만 다른 수준에서 가르치려고 애썼고 전혀 화가 나지 않았다. 또는 (3) 그는 다만 에고 발작을 일으켰을 뿐인데, 당신은 그 문제를 다룰 여러 가지 좋은 방법이 있음에도 왜 그의 에고와 동일시하려는가?

질문 : 심리치료 과정에서 왜 그토록 자주 분노를 치유 수단으로 이용하고, 분노를 푸는 데 몰두하는 겁니까?

답변 : 대부분의 심리치료는 에고의 심리치료입니다. 지난 이삼십 년간 심리학이 분노를 발견하고 그것을 우상으로 만들어 버린 것은 불행한 일입니다.

세상에서 가장 큰 문제의 하나인 분노에 대해 잠시 짚고 넘어가겠습니다. 〈심리치료: 목적, 과정, 실행〉[1]라는 소책자에서는 심리치료 문제는 사실상 분노의 문제라고 말합니다. 그 이유는 분노는 죄책감에 대한 두드러진 방어이기 때문입니다. 분노는 우리를 우리 바깥에 붙잡아둡니다.

---

1 〈심리치료 : 목적, 과정, 실행〉은 내면의 평화 재단에서 1976년에 발행하였고, 기적수업 3판부터는 〈기도의 노래〉와 더불어 합본으로 포함되었다.

분노를 금세기 전반에 걸친 역사적인 관점에서, 특히 심리학자들이 보았던 관점에서 생각해 보는 것은 흥미로운 일입니다. 우리는 이를 통해 요즘 사람들이 분노를 어떻게 보는지에 대한 배경을 엿볼 수 있습니다. 금세기 초반 약 50년간 심리학은 프로이드와 정신분석의 지배를 받았습니다. 우리가 프로이드를 읽고 그의 영향력을 볼 때, 그의 모든 연구가 빅토리아 시대의 분위기 속에서 이루어졌음을 생각하면 언제나 도움이 됩니다. 세기의 전환기였던 그 당시 비엔나는 빅토리아 시대 가치관의 영향을 대단히 많이 받았고, 프로이드는 그 시대의 산물이었을 뿐입니다. 이 말은 그도 뚜렷하게 편견을 가졌으며 감정들을 두려워하고 그 결과 감정의 표현을 두려워했음을 의미합니다. 재미있게도 그의 전체 이론이 억압에서 우리를 해방하는 것이었지만, 그가 개인적으로 고수했던 태도이며 그의 이론 속에서 전달했던 태도는 감정을 표현하지 말아야 한다는 것이었습니다. 우리는 감정을 분석하고, 승화하고 대체해도 되지만, 표현하지는 말아야 한다는 것입니다. 이제 분노라는 감정을 집중적으로 살펴봅시다.

심리학과 심리치료의 대체적인 분위기는 여러분이 사람들에게 그들의 감정을 분석하고 승화하거나 다른 것으로 대체하도록 가르치는 것이었습니다. 하지만 그 감정을 표현하지는 말아야 했습니다. 확실히 그것은 기독교적인 가치관이었습니다. "진정한" 기독교인이라면 다른 뺨도 돌려야 하는데, 그 말은 양쪽 뺨을 맞는다는 의미이며, 그들은 그렇게 행하도록 배웠습니다. (그것은 예수가 의미했던 바가 아닙니다. 즉 우리에게 그의 이름으로 고통 받는 희생자가 되라고 가르치는 것이 아닙니다.) 분노란 두려운 것이라는 관념 때문에 이러한 가르침은 더욱 옳은 것으로 지지를 받았습니다. 분노란 내려 누르고 억압해야 할 나쁜 것으로 간주되었습니다. 그런데 2차 세계 대전 후 심리학에 혁명이 일어났습니다. 갑자기 사람들은 자신에게 감정이 있다는 사실을 발견한 것입니다. 그 결과 집단 상담 운동이 일어났습니다. 예를 들면 감수성 그룹, 감수성 훈련, 엔카운터 그룹, 마라톤 그룹 등입니다. 그리하여 사람들은 분노를 감추던 방어를 뚫고 자신들의 모든 감정과 느낌들을 경험하는 데 특히 분노를 경험하는 데 능숙해졌습니다.

추가 한쪽 끝에서 반대쪽으로 돌아가 버린 것입니다. 사람들은 분노를 억압하고 분석하라고 지도 받는 대신, 이제 정신 건강의 척도는 느낌들을 밖으로 쏟아내는 것이 되었고, 사람들은 자신의 감정을 표현하는 데 능숙해졌습니다. 이와 같이 분노에 대해 두 가지 대안이 있는데, 하나는 분노를 억압하는 것이고 하나는 분노를 표출하는 것입니다. 우리가 지속적으로 분노를 억압하면 우리는 궤양과 위장병에 걸릴 것입니다. 반대로 언제나 분노를 표출하면 내가 앞에서 말한 대로 정확하게 해나갈 것입니다. 우리는 다만 분노의 기초인 죄책감을 강화할 것이고, 따라서 빠져나갈 길이 없어 보입니다.

문제를 이해하는 열쇠는 두 대안의 기초가 되는 전제를 보는 것인데, 흥미로운 것은 그 전제가 같다는 사실입니다. 해결은 완전히 달라 보입니다. 하나는 억압하고 하나는 표출합니다. 하지만 전제는 같습니다. 그것은 정말로 동전의 양면입니다. 그 전제란 분노를 인류에 내재되어 있는 인간의 근본적인 감정으로 본다는 것입니다. 그러므로 분노를 논할 때 분노를 마치 측량할 수 있는 에너지 덩어리로 묘사합니다. 우리 안에는 우리를 인간이게 하는 선천적으로 타고난 무언가가 있고 우리는 그것으로 무언가 해야만 합니다. 그것을 눌러 안에 계속 가지고 있으면 그것은 내부에서 폭발하여 우리는 궤양에 걸립니다. 대신 우리는 이 에너지 덩어리를 우리 밖으로, 우리 체계 밖에 끄집어낼 수 있으며, 이 끔찍한 분노의 짐을 쏟아내는 기분이 날아갈 듯 좋아 보입니다. 분노의 표출이 그토록 기분 좋은 이유는 분노를 쏟아내는 것과는 아무 상관이 없습니다. 다만 우리가 처음으로 마침내 죄책감이라는 무거운 짐을 제거하게 되었다고 믿게 되었을 뿐입니다.

따라서 인간의 근본 감정은 분노가 아닙니다. 인간의 근본 감정은 죄책감입니다. 이것이 바로 분노를 고찰하면서 세상이 취하는 전체 접근에 깔린 잘못입니다. "두 감정" (T-13.V)이라는 제목의 아름다운 절에서 기적수업은 우리에게는 오직 두 감정이 있다고 말합니다. 하나는 우리에게 주어진 것이고 하나는 우리가 만든 것입니다. 우리에게 주어진 것은 사랑이며 사랑은 하나님이 주신 것입니다. 하나는 우리가 사랑의 대체물로 만든 것으로, 그것은 두려움입니다. 다시 말하지만 우리는 두려움을 언제나 죄책감으로 대체할 수 있습니다. 인간의 근본 감정, 에고의 근본 감정은 두려움 또는 죄책감이지 분노가 아닙니다. 분노는 죄책감의 투사이며 결코 문제가 아닙니다. 진짜 문제는 언제나 기저에 깔린 죄책감입니다. 우리가 누군가에게 분노를 발산할 때 그렇게 기분이 좋은 이유는 그 순간 우리는 마침내 죄책감을 제거했다고 믿기 때문입니다. 문제는 다음 날 아침이나 여러 날 지난 아침에 잠에서 깨었을 때 느끼게 될 불쾌함입니다. 우울함이라는 심리적인 후유증을 겪게 되는 것입니다. 우리는 이 우울함이 어디서 오는지 알지 못하고 그것을 온갖 탓으로 돌립니다. 우리가 우울한 진짜 이유는 우리가 다른 사람에게 한 것 때문에 죄책감을 느끼기 때문임을 우리는 알지 못합니다. 분노하거나 공격할 때마다 나중에 죄책감을 느낄 것입니다. 사람들은 우울함을 표현되지 않은 격렬한 분노라고 말하는데, 한편으로는 맞는 말이지만, 격렬한 분노 아래에는 죄책감이 있습니다. 우울함의 진짜 의미는 죄책감 또는 자기 증오입니다.

이제 분노에 대해 온갖 끔찍한 말들을 다 했으니 분노를 표출하는 것이 긍정적일 수 있는 상황이 하나 있다는 것을 말해야겠습니다. 그것은 아까 질문에 대한 것입니다. 그것은 분노를 치료의 관점에서 보는 것과 관련이 있습니다. 우리가 살아오면서 내내 분노를 나쁜 것으로 배웠다면, 그리고 그것은 이 방 사람들 모두에게 사실이겠지만 그러면 우리가 실제로 배운 것은 분노는 두려운 것이라는 것입니다. 우리는 우리가 분노를 표출한다면 끔찍한 일이 다른 사람에게 생길 것이라고 믿습니다. 혹은 더 끔찍한 일이 우리 자신에게 일어날 것이라고 믿습니다. 그러므로 분노와 죄책감에서 완전히 벗어나는 과정의 일환으로 분노를 표출하는 기간을 갖고 그것이 별일 아니라는 것을 경험하는 것은 치료에 도움이 될 수 있습니다. 우리는 사람들에게 화낼 수 있고 그런다고 그들이 우리 발 앞에서 고꾸라져 죽지 않습니다. 우리는 화낼 수 있고 그런다고 해서 하나님은 우리가 한 끔찍한 짓 때문에 우리를 때려죽이지도 않습니다. 사실 끔찍한 일은 아무것도 일어나지 않을 것입니다. 그것은 별일 아닙니다. 그때 우리는 분노를 좀 더 객관적으로 보고 문제는 결코 분노가 아니라는 것을 인식할 수 있습니다. 진짜 문제는 우리가 자신의 죄를 책망하며 스스로에게 화를 돌린다는 것입니다.

위험한 점은 분노를 일시적인 단계로 보지 않으리라는 것입니다. 최근의 심리학 덕분에 우리는 그것을 목적으로 볼 것입니다. 그렇게 되면 다른 사람에게 잡아먹을 듯이 화를 내는 것이 기분 좋은 나머지 분노가 우상으로 숭배 받게 된다는 것입니다. 심리학은 우리에게 진짜 문제는 죄책감이며, 죄책감은 하나님에 대항하는 방어라는 것을 결코 가르쳐 주지 않을 것입니다. (심리학은 매우 세속적인 체계이기 때문입니다.) 그렇게 되면 분노의 표출이 목적이 되고, 그 느낌이 매우 좋아서 우리는 분노를 보내려고 하지 않게 됩니다. 하지만 우리의 목적은 그 아래에 깔려 있는 죄책감에 접근하여 그것을 다루는 것이라야 합니다. 우리는 오직 분노를 완전히 넘어서기 위한 단계로서 분노를 표출할 필요가 있습니다. 따라서 분노의 욕구를 느끼는 시기가 닥쳐왔을 때, 우리는 그것을 일시적인 단계로 봐야 하며, 분노를 별일 아닌 것으로 보도록 노력해야 합니다. 우리가 실제로 죄책감을 다루고서 놓아주게 되면, 결코 다시는 분노할 필요가 없을 것입니다.

질문 : 크리슈나무르티 선생에게서 배운 한 가지 가르침은 변화가 즉시 일어날 수 있다는 제언이었습니다.

대답 : 기적수업도 같은 것을 말합니다. 이 전체가 한순간에 끝날 수 있다고 말합니다. 그러나 다른 곳에서는 그것은 오랜 시간이 걸릴 것이고 인내해야 한다고 말합니다. 교과서 앞부분을 읽고 아마 수많은 사람들이 좌절감을 느꼈을 것입니다. 그것은 최후의 심판에 대한 구절로, 최후의 심판이란 사실상 에고를 집단적으로 해제하는 것 또는 속죄의 완성을 가리킵니다. 그 구절은 "분리가 수백만 년에 걸쳐 일어났듯이 최후의 심판도 그와 비슷하거나 어쩌면 더 긴 시간에 걸쳐 이루어질 것이다 (T-2.VIII. 2:5)"라고 말합니다. 하지만 바로 그다음에서 시간은 기적에 의해 상당히 짧아질 수 있다고도 말합니다. 그런데 그것이 하루아침에 일어날 것 같지는 않습니다. 여러분이 우리가 사

는 세상이 어떻게 구성되어 있는가를 생각해보기만 해도, 세상의 각 일면의 기초가 되고 동기를 부여하는 엄청난 양의 두려움이 있습니다. 이 세상의 사고체계와 각 제도를 움직이는 원동력은 두려움과 죄책감입니다. 그것을 당장 바꿀 수는 없습니다. 나는 속죄 계획과 거기에서 기적수업이 하는 역할은, 속죄 계획과 기적수업이 없었더라면 걸렸을 시간보다 훨씬 빠르게 각 개인의 마음을 변화시키는 것이라고 생각합니다. 그것이 "천상의 속도 증가"인데, 그것은 여전히 상당한 기간의 시간이라는 틀 안에서 일어날 것입니다.

기적의 의미

나는 기적에 대해 무언가 말해야겠는데, 왜냐하면 이 책의 제목이 기적수업이기 때문입니다. 기적은 기적수업에서 일상적으로 사용하는 의미와 다르게 사용하는 단어 중의 하나입니다. 기적수업에서는 "기적"이란 단어를 단순히 교정, 잘못된 지각의 해제라는 의미로 사용합니다. 그것은 지각 이동이며, 용서입니다. 그리고 그것은 치유의 수단입니다. 이 단어들은 기본적으로 똑같습니다. 기적은 외적인 것과는 아무 관계가 없습니다. 흔히 기적이라 일컫는, 물 위를 걷는다거나 외적인 치유 같은 외양상의 것은 내면의 기적이 반영된 것에 지나지 않습니다. 기적은 내적인 이동입니다. 기적수업에서 가장 아름다운 문구 중의 하나는 기적을 "지상에서 가장 거룩한 곳은 태고의 증오가 현재의 사랑으로 변한 자리 (T-26.IX.6:1)"로 설명하고 있습니다. 그것이 바로 기적입니다. 우리가 누군가를 증오로 지각하다가 사랑으로 보는 곳으로 이동할 때, 그것이 기적입니다. 기적은 지각의 이동입니다. 그것은 에고가 보는 방식을 성령이 보는 방식으로 교정하는 것입니다.

책 제목이 기적수업인 이유는 바로 그 때문입니다. 기적수업은 바로 그 방법을 알려 줍니다. 다시 말해, 우리는 세상을 바꾸는 게 아닙니다. 세상에 대한 우리의 마음을 바꿉니다. 우리는 다른 사람을 바꾸려고 하지 않습니다. 우리는 그 사람을 보는 방식을 바꿉니다. 그러면 성령이 우리를 통해 성령이 가장 좋다고 여기는 것을 할 것입니다. 그것은 지각의 이동을 동반하는 마음의 변화입니다. 그것이 기적이며 그것이 이 수업의 목표입니다.

이제 여기서 하나님과 성령의 역할에 대해 짚고 넘어갑시다. 기적수업의 중요한 특성 중의 하나는 이 책은 종교 서적이라는 점입니다. 기적수업은 그저 자기계발 서적이 아닙니다. 기적수업은 물론 심리학적인 체계가 깔려 있긴 하지만, 그저 심리학적 체계를 적은 책이 아닙니다. 기적수업은 심오한 종교 서적이기도 합니다. 기적수업이 제시하는 종교적인 관점을 두 가지입니다. 첫째는 하나님이 계시지 않는다면 에고밖에 남지 않는다는 것입니다. 우리를 창조하시고 우리의 아버지인 하나님을 우리가 알지 못한다면, 우리는 우리 자신에 대해 갖고 있는 지각이나 이미지에 붙들려 있을 텐데, 그것은 언제나 에고의 곁가지입니다. 진정한 용서는 우리가 상처받을 수 없는 존재라는 믿음에서 출발하지 않는다면 불가능합니다. 달리 표현하면 그 누구도, 그 무엇도 우리를 해칠 수 없다는 것입니다. 그와 같은 믿음은 우리를 창조하셨고 우리를 사랑하시는 하나님이 계시다는 것을 모른다면 불가능합니다. 그러므로 이것이 기적수업에서 표현된 대로, 성령이 우리에게 주는 전체 사고체계의 기반입니다.

하나님이 중요한 두 번째 이유는 조금 더 실용적입니다. 진정한 용서는 성령이 없이는 불가능합니다. 이것은 두 가지 측면에서 진실입니다. 첫째로, 용서는 우리가 하는 것이 아닙니다. 우리는 죄책을 해제하는 자가 아닙니다. 엄밀히 말해서 기적수업이 용서에 대해 말할 때 그것은 사실상 성령의 용서가 우리를 통해 오게 하겠다는 결정에 대해 말하는 것입니다. 혼자 힘으로는 우리는 결코 용서할 수 없습니다. 왜냐하면 적어도 이 세상 안에서 우리가 따로 떨어진 개체로서는 우리는 에고이기 때문입니다. 사고체계 속에서 그 사고체계를 바꿀 수는 없습니다. 우리는 사고체계 밖에서 오는 도움, 즉 사고체계 안으로 들어온 다음 그것을 변모시키는 도움이 필요합니다. 에고의 사고체계 밖에서 오는 도움이 바로 성령입니다. 그러므로 우리를 통해 용서하는 이는 성령입니다.

두 번째 것이 더 중요하고 사람들이 제기한 수많은 의문에 답할 것입니다. 용서는 세상에서 가장 어려운 일입니다. 그래서 거의 아무도 용서하지 못하고, 예수가 가르친 용서를 애초부터 그토록 지독히 오해했던 것입니다. 우리가 기적수업이 말하는 용서를 실천한다면, 우리는 우리 자신의 죄책을 놓아주기 때문에 우리는 그토록 오해했던 것입니다. 에고와 동일시하는 사람은 아무도 죄책을 보내고 싶지 않습니다. 하나님의 도움이 없이는 우리가 대면할 죄책의 보다 깊은 문제를 통과할 길은 전혀 없습니다.

여러분이 시간을 연속체라고 생각한다면, 카펫의 이미지가 이 전체 과정을 설명하는 데 매우 유용합니다.

시간 카펫

하나님 그리스도	실재 세상	에고- 죄책감 -------->
		세상 - 몸 - 형태 - 시간
		<--------- 성령 - 용서

분리가 일어났을 때, 시간이라는 전체 카펫이 펼쳐졌고, 그때부터 우리는 하나님으로부터 떨어져 카펫을 걸어 나왔습니다. 하나님에게서 멀어질수록, 우리는 더 깊이 세상에 그리고 죄와 죄책감에 휘말리게 됩니다. 성령께 도움을 청할 때, 우리는 이 과정을 되돌려 하나님

께 나아가기 시작합니다. 시간은 기적수업에서 가장 흥미로운 주제 중의 하나입니다. 우리는 여전히 시간에 붙들려 있기에, 이 부분은 이해하기가 무척 어렵습니다. 기적수업 어딘가에서 "시간은 앞으로 나아가는 듯이 보이지만 사실은 시간이 시작된 지점으로 돌아가고 있다"(T-2.II.6, M-2.3; 4:1-2)고 말합니다. 시간이 시작된 지점이 곧 분리가 일어났던 때입니다. 속죄의 전체 목적은 에고를 해제하려는 성령의 계획입니다. 그 계획은 시간 카펫 안에 들어 있습니다. 에고는 시간 카펫을 더욱더 펼치려고 하고, 성령은 시간의 시작 부분으로 도로 말아가려고 합니다.

우리가 시간 카펫을 도로 말아갈 때, 그것이 용서와 기적이 하는 일인데, 우리는 에고 체계의 기반암基盤巖에 가까워집니다. 카펫의 시작이 바로 에고의 탄생이며, 그것은 곧 죄와 죄책감의 본거지입니다. 그리고 그곳은 에고 체계의 가장 깊은 부분입니다. 내가 앞에서 언급한 빙산의 이미지를 생각해보면, 빙산의 밑바닥이 바로 우리 모두가 느끼는 죄책감의 뿌리입니다.

우리가 한평생을 두고 (만약 우리가 여러 생을 사는 게 아니라면) 달아나려고 했던 죄책감과 두려움에 가까워지면, 우리는 정말로 공황 상태에 빠지고 말 것입니다. 이 죄책감이 세상에서 가장 파괴적이고 가장 무서운 것입니다. 그것이 바로 이 과정이 느리게 진행되는 이유이며 또 인내하면서 그것을 추구해야만 하는 이유입니다. 우리가 너무 빨리 가면, 죄책감의 맹공격에 대처할 준비가 되어 있지 않을 것입니다. 교과서 첫 장^章의 마지막 두 문단에서 (T-1.VII.4-5) 우리는 처음 네 장^章을 포함한 자료 전부를 주의 깊고 매우 천천히 거쳐야 할 필요성에 대해 읽게 됩니다. 우리가 그렇게 진행하지 않으면, 우리는 나중에 일어날 일을 대비하지 못하게 되고 또한 우리는 그것을 두려워하게 될 것입니다. 사람들이 이 책을 집어 던져버리는 때가 바로 그때입니다.

우리는 기적수업은 물론이고, 모든 자료를 우리 내면에서 매우 천천히 작업해야 하는데, 그렇지 않으면 감당하기 어려울 정도로 두려움이 일어나기 때문입니다. 에고 체계의 기반암에 다가갈수록, 우리는 거기에 묻혀 있는 죄책감을 더욱 두려워하게 됩니다. 우리의 손을 잡고 우리와 함께 걷는 이가, 우리를 사랑하는 우리가 아닌 누군가가 있다는 것을 알지 못하면 우리는 그 단계를 밟을 수 없을 것입니다.

기적수업은 가르치기를, 우리의 죄책감을 해제하는 이 과정은 꿈에서 완전히 깨어나는 것이 목적이 아니라 "실재 세상real world" 혹은 "행복한 꿈"에서 사는 것이 그 목적이라고 말합니다. 따라서 카펫이 도로 말리고 나면 우리는 마침내 어떤 죄책도 투사하지 않고 그리하여 바깥세상에서 무슨 일이 벌어지든지 상관없이 늘 평화로운 상태에

도달하게 됩니다. 이 마음 상태가 바로 "실재 세상"이며, 기적수업의 경로가 온유하다는 점을 보여줍니다. 교과서에서 말하듯이 "하나님은 아들이 기뻐하며 부드럽게 깨어나기를 뜻하셨기에, 두려움 없이 깨어나는 수단을 아들에게 주셨습니다." (T-27.VII.13:5)

나는 하나님의 존재를 믿지 않는 사람들에게 어떻게 용서를 설명해야 하는가라는 질문을 자주 받곤 합니다. 마침 이번 주에 어머니가 자원봉사자로 일하시는 양로원에서 강연할 기회가 있었습니다. 그곳은 유대인 양로원이지만, 그곳에 사는 대부분의 사람들은 사실은 우리가 생각하듯이 종교적이 아닙니다. 나는 내가 늘 말하는 용서에 대해 설명했습니다. 그것은 재미있는 도전이었습니다. 나는 용서에 하나님을 너무 끌어들이면 사람들을 더욱 멀어지게 할 것이기에 하나님을 너무 많이 끌어들이지 않으려고 노력했습니다. 하지만 하나님 없이는 진정한 용서가 이루어질 수 없기에, 하나님을 끌어들이지 않고 용서를 말하는 것은 매우 어렵습니다.

용서 과정의 초기 단계는 누구나 할 수 있습니다. 우리는 사람들을 다르게 봐야 한다고 늘 교육받았기 때문입니다. 하지만 우리가 삶 속에서 정말로 어려운 문제에 들어가면, 그것은 결국 용서의 문제가 되고, 우리는 우리를 사랑하는 이가 우리와 함께 한다는 것을 알아야만 합니다. 하지만 그 사람^{Person}은 우리 자신이 아닙니다. 그는 성령

혹은 예수, 혹은 어떤 이름을 붙여도 괜찮습니다. 그의 도움이 없다면 우리는 너무 겁에 질린 나머지 남은 길을 갈 수 없을 것입니다. 우리는 그 이상 나아갈 용의를 낼 수 없을 것입니다. 그래서 성령은 우리의 안내자이고 교사일 뿐 아니라, 우리의 위로자입니다. 연습서 제일 마지막에서 예수는 "나는 결코 너를 위로 없이 남겨두지 않는다는 점을 확신하라" (W-pII.ep.6:8)고 말합니다. 예수가 그 말을 문자 그대로 뜻한다는 것을, 우리에게서 오지 않은 이가 우리 안에 있다는 것을, 우리를 사랑하고 우리를 위로하실 이가 우리 안에 있다는 것을 우리가 알지 못한다면, 우리가 우리의 죄책감 혹은 죄책을 다루어야만 할 때 우리는 에고의 기반암을 지나갈 수 없을 것입니다. 다시 말해, 이 일은 언제나 다른 사람을 용서한다는 정황에서 이루어집니다. 예수와 성령은 우리가 그들을 뭐라고 부르든지 관심이 없습니다. 하지만 그들은 하나님에게서 온 이가, 우리의 손을 잡고 우리를 이끌어주는 이가 있다는 것을 인식하는 것에는 관심이 있습니다. 위로와 확신의 느낌이 없이는 우리는 결코 에고를 지나칠 수 없을 것입니다. 다시 말해 이것이 모든 것이 더 나빠지는 듯이 보이는 이유입니다.

교과서 9장에 매우 도움이 되는 두 절節 "두 평가" (T-9.VII)와 "장대함과 과장" (T-9.VIII)이 있습니다. 이것은 우리가 성령을 따르기로 할 때 에고가 어떻게 우리를 공격하고 사악해지는지를 분명하게 서술하고 있습니다. 에고에게는 죄 없는 자가 죄인이라는 것을 기억하십시오. 우리가 에고를 배신하고 유죄 대신 무죄를 선택하기 시작하면 에고는 노골적인 모습을 드러냅니다. 그래서 기적수업은 에고의 감정 범위는 의심에서 사악함에 이른다고 말합니다 (T-9.VII.4:7). 우리가 진지하게 성령을 받아들이기 시작하면, 에고는 철저하게 사악해질 것입니다. 이때가 바로 일들이 꼬이기 시작하는 것처럼 보일 때입니다.

나는 지금 추상적인 원리로서 말하고 있지만, 우리가 직접 부딪히게 되면 그것은 결코 추상적이지 않습니다. 그것은 우리가 경험할 그 무엇보다도 파괴적이고, 강력하며, 고통스러울 수 있습니다. 다시 말하지만, 진리와 사랑을 말하고 우리를 다르게 보는 이가 우리와 함께한다는 것을 모르고서는 결코 그 과정을 헤쳐나갈 수 없습니다. 책을 던져버리고는 침대 밑에 숨어서 결코 나오지 않거나, 다른 길로 달아나 버릴 것입니다. 이것이 이 과정을 천천히 진행해야 하고, 우리가 조심스럽게 인도받으며 따라가야 하는 이유입니다. 우리 각자에 대한 속죄 계획은 정교하게 고안되었으며, 바로 이 점이 우리가 그 계획을 완수하는 데 걸리는 시간이 서로 다른 이유를 설명해줍니다.

기적수업은 속죄의 교육과정이 개별적이라고 설명합니다(M-29.2:6). 이는 성령이 분리라는 공통된 오류를 교정할 때 각 개인에게 드러난 구체적인 모든 오류의 형태를 교정한다는 의미입니다. 이 교육과정은 우리가 계획한 것이 아닙니다. 우리는 그것이 진실로 무엇인지 이해조차 못 합니다. 그리고 결코 우리 자신이 그 과정을 밟아가는 것도 아닙니다. 그러므로 우리 자신을 하나님으로 혼동하지 않는 것이 중요합니다. 우리가 그런 혼동에 빠지면 우리는 어려움에 직면했을 때 기댈 곳이 없기 때문입니다.

성령이 언제나 세상에서 우리를 도울 사람들을 "보낼" 것이라는 기적수업의 말은 사실이지만, 그들의 궁극적인 목적은 가장 큰 도움을 주는 이는 내면에 있다는 것을 알게 하는 것입니다. 우리가 세상을 살아가는 동안 우리의 손을 잡아주는 사람들이 있음을 하나님께 감사드립시다. 하지만 위로의 궁극적인 근원은 언제나 내면일 것이니, 하나님은 그곳에 답을 두셨기 때문입니다.

나는 이것이 느린 과정이라는 것을 다시 강조해야겠습니다. 우리가 이 과정을 너무 빨리 진행하면, 우리는 자신이나 하나님을 확신하지 못해 두려움에 압도되고 말 것이기 때문입니다. 성령이 우리가 그 과정을 통과하도록 돕는다는 사실을 알게 될 때 우리는 우리 자신에 대해 확신할 수 있습니다. 우리가 매일 그날의 과제를 연습하며 나아갈 때, 우리는 일어나는 모든 기적과 변화가 우리에게서 오는 것이 아님을 인식하기 시작할 것입니다. 기적은 우리를 통해 일어나지만, 우리가 일으키는 것은 아닙니다. 이것을 실행해 나가는 데에는 우리를 돕는 누군가가 있습니다.

기적수업이 명백하게 표명하는 것 중 하나는 예수 또는 성령과 개인적인 관계를 맺는 것이 중요하다는 것입니다. 성령을 택하든 예수를 택하든 상관없이 여러분은 도움을 받게 됩니다. 그들은 모두 우리 내면의 교사Teacher이며, 기적수업은 이 방식으로 그들을 번갈아 가며 사용합니다. 기적수업은 우리에게 내면의 교사Teacher와 개인적인 관계를 맺어야 한다는 점을 강조하지만, 성령을 추상적인 존재로서 말하지 않습니다. 기적수업은 성령을 사람Person으로 여기며 "그He"라고 부릅니다. 기적수업은 종종 성령을 하나님이 우리를 사랑하신다는 표현이라고도 설명합니다. 예수는 자신의 역할도 하나님의 사랑을 표현하는 것이라고 말하곤 합니다. 따라서 기적수업은 우리를 사랑하고 우리를 도와줄 사람을 내면에서 느끼기를 원합니다. 그를 추상적인 존재로서가 아니라 실제로 우리 안에 존재한다고 느끼기를 원합니다. 우리에게 이러한 확신이 없다면 우리는 두려움에 압도되어 목표 근처에도 가보지도 못하고 멈추고 말 것입니다. 아직 성령과 이러한 개인적인 관계가 없다 하더라도 당황하지 마시기 바랍니다. 인내심을 가지면 때가 되었을 때 그가 나타날 것입니다. 지적으로든 느낌으로, 여러분을 도와주는 누군가가 있다는 것을 아는 것으로도 충분합니다. 그는 어떤 형태이든 여러분이 형태가 수용할 수 있는 형태로 나타날 것입니다. 그가 어떤 형태로 오는지는 중요하지 않습니다. 중요한 점은 여러분 자신에게서 오지 않은 이가 여러분과 함께 있다는 것을 인식하는 것입니다. 그는 여러분 안에 있으나 여러분에게서 오지 않습니다. 그는 여러분의 에고 자아가 아닌 부분에서 옵니다.

질문 : 우리는 자유롭게 선택할 수 있습니다. 만일 우리가 준비되었다고 느낀다면, 우리는 시간을 더 가속하기로 선택할 수 있지 않습니까?

대답 : 참으로 그렇습니다. 기적이 하는 일이 바로 그것입니다.

질문 : 그것은 우리가 일생을 살아가면서 하는 일 아닌가요? 그렇다면 왜 우리가 몇 백만 년의 의미로서 생각해야 하는지요?

대답 : 몇 백만 년은 성자단^{Sonship}[1] 전체에 대해서 말하는 것입니다. 최후의 심판은 우리가 알고 있는 물질 우주의 끝입니다. 하지만 한 사람이 그 시간을 상당히 줄일 수 있습니다.

따라서 다시 말하지만, 우리가 잘 나가다가 무언가가 뒤통수를 치기 시작할 경우, 그것은 아마도 매우 좋은 징조일 것입니다. 이는 곧 에고가 위협을 당했다는 것을 보여줍니다. 그러면 에고는 우리가 들어온 음성을 의심하게 하려고 들 것입니다. 에고는 기적수업을, 우리가 여태까지 배워왔고 유용하게 작용해온 모든 배움을 의심하게 하려고 들 것입니다. 그러므로 우리는 이러한 것을 예상하더라도, 그 일이 일어나게 하지 말아야 합니다. 그러나 만일 에고발작이 실제로 일어난다면 우리는 그 실체가 무엇인지 알 것이며, 에고의 정체를 인식

---

[1] '성자단'에 관한 설명은 이 책 뒤에 실린 〈기적수업에 관해 자주 제기된 질문들〉에서 7번 질의응답 항목을 참고하라.

할 수 있다는 것은 매우 유용합니다. 에고발작은 우리가 마침내 에고가 사라지기 시작했다고 여겨질 때 일어납니다. 그러므로 고난에 처하게 되면 그것이 다만 에고발작임을 기억하시기 바랍니다. 이는 결코 이 모든 것이 엉터리였다는 의미가 아닙니다. 이는 우리가 무서워하며, 따라서 에고가 두려움에 떨게 되었다는 것을 의미합니다. 그 시점에서 우리는 한 발짝 뒤로 물러나서 예수의 손을 잡고 두려움을 직시할 수 있게 해 달라고 도움을 요청해야 합니다. 그의 손을 잡는다는 것 자체가 우리가 에고가 아니라는 점을 보여줍니다. 그런 다음 우리는 에고발작을 바라보고 그것이 보기와는 다르다는 것을 깨닫게 될 것입니다.

기적수업 중 "전쟁터 위에서"(T-23.IV)라는 중요한 부분에서 예수는 우리에게 전쟁터를 벗어나 무슨 일이 일어나고 있는지 전쟁터 위에서 내려다보라고 요청합니다. 거기에서 보면 우리는 모든 것을 다른 방식으로 보게 됩니다. 그러나 우리가 전쟁터 한복판에 있다면, 우리가 보게 될 것은 고통, 살인, 죄책감뿐일 것입니다. 우리가 높은 곳에서 에고의 전쟁터를 내려다보게 될 때, 우리는 그 전쟁터를 다르게 볼 것입니다. 우리는 오직 에고만이 길길이 날뛰고 있다는 것을 보게 됩니다. 그리고 우리는 이것이 아무런 영향도 미치지 못한다는 것을 보게 됩니다. 이 과정은 물론 시간이 걸립니다. 이것이 하루아침에 일어난다고 기대하지 말아야 합니다. 그러나 만일 이것이 이루어진다면 우리는 에고만이 우리를 힘들게 했다는 것을 인식할 것입니다. 이것은 실재가 아닙니다. 실재는 곧 우리를 사랑하시는 하나님이 계시고, 예수든 성령이든 하나님을 나타내며 우리의 손을 잡아 어려운 때를 헤쳐갈 수 있도록 인도해 주는 자를 우리에게 보냈다는 것입니다.

질문 : 명상할 때 일어날 수 있는 것들은 이러한 것들인지요? 내가 명상하면서 나 자신을 도저히 대면하지 못하겠고 잡념이 많이 떠오르는 단계를 거칠 때 일어나는 일은 바로 이것인가요? 그럼 이럴 때마다 에고가 싸우고 있단 말인가요?

대답 : 그렇습니다. 당신이 해야 할 것은 이것을 인식하고 너무 심각하게 여기지 않는 것입니다. 이에 대항하여 싸우지 마십시오. 대항하여 싸우면, 당신은 문제를 실재화하는 것입니다. 따라서 당신이 해야 할 일은 뒤로 한 발짝 물러나, 그것을 보고 웃는 것뿐입니다. 기적수업에는 우리가 에고를 보고 웃어야 한다고 말하는 부분이 몇 군데 있습니다. 어느 부분에서는 하나님의 아들이 웃기를 잊었을 때 우리가 세상이라고 여기는 꿈이 시작되었다고 말합니다 (T-27.VIII.6:2-3). 만일 우리가 세상과 에고를 보고 웃을 수 있다면 이 모두는 더 이상 문제 되지 않을 것입니다. 문제에 대항하여 싸우는 것은 최악의 대처 방법입니다. 왜냐하면, 싸우는 것은 그 문제를 실재처럼 보이게 하기 때문입니다. 그런데 여기서의 웃음은 조소가 아니며, 웃음을 분리

의 근본적인 문제들에 대한 사람들의 구체적인 표현들에 대해 무관심하게 대하라고 부추기는 것으로 여기지 말아야 합니다.

5장
예수: 예수 생애의 목적

내가 앞에서 언급한 이유 등으로 사람들은 저마다 예수를 곡해하는 듯이 보이기에, 나는 여기서 예수에 대해 논하는 것이 중요하다고 생각합니다. 세상에서 자란 사람이라면, 그가 기독교인이든 유대인이든, 예수에 대해 왜곡된 견해를 가질 것입니다. 예수는 기적수업에서 기록을 바로잡으려고 합니다. 예수는 사람들이 그를 심판과 죽음과 죄책감과 고통의 형제로, 혹은 실재하지 않는 형제로 보지 않고 사랑하는 형제로 보기를 원합니다. 그것이 바로 기적수업이 그런 식으로 온 이유이며, 예수가 기적수업의 저자임을 강조하는 이유입니다. 먼저 예수가 자기 자신과 자기 생의 목적을 어떻게 설명하는지를 이야기해 봅시다.

기적수업에서 가장 주요한 개념 중의 하나는 원인과 결과라는 개념입니다. 그것은 용서라는 전체 관념을 살펴볼 때, 특히 예수의 임무와 그가 어떻게 그것을 완수했는지를 살펴볼 때 유용한 방법입니다. 이것이 없다면 저것도 없다는 것이 원인과 결과의 본질입니다. 원인은 결과를 맺기에 원인인 것입니다. 결과는 원인에서 왔기에 결과인 것입니다.

기적수업에서 내가 가장 좋아하는 구절 중의 하나는 거의 이해할 수 없는 것처럼 보입니다. 기적수업은 "원인은 결과로 인해 원인이 된다 (T-28.II.1:2)"고 적고 있습니다. 이것은 원인은 그 결과에 의해서 원인으로 만들어진다는 것을 시적으로 표현한 것입니다. 그러므로 원인을 원인이 되게 하는 것은 바로 결과입니다. 이와 같이, 결과 또한 원인이 있기에 결과인 것입니다. 이것은 이 세상뿐 아니라 천국의 근본적인 원리이기도 합니다. 하나님은 제1원인입니다. 그리고 그 결과는 하나님의 아들입니다. 그러므로 하나님은 당신의 아들을 있게 하는 원인이시고, 따라서 우리는 하나님을 창조주로 혹은 아버지가 되게 하는 결과입니다.

이 원리는 이 세상에서도 통해서, 모든 작용에는 반작용이 있습니다. 이것이 또한 의미하는 바는 원인이 아니라면 세상에 존재할 수 없다는 것입니다. 이 세상의 모든 것은 결과를 가져야만 합니다. 결과가 없다면 그것은 존재하지 않을 것입니다. 작용에는 반드시 반작용이 있습니다. 그것은 물리의 기본 원리입니다. 무언가 존재한다면 거기에는 결과가 있고 다른 무언가에 영향을 줄 것입니다. 따라서 이 세상의 모든 것은 원인이요 결과를 가질 것이며, 그리고 원인이 되게 하는 것은 바로 그 결과입니다. 이해가 되었습니까? 이 원리를 파악하는 것이 매우 중요합니다. 왜냐하면 그래야 우리는 모든 것에 이 보편적인 공식을 적용할 수 있기 때문입니다.

성서의 원죄 이야기로 돌아가서 생각해봅시다. 하나님께서 아담과 이브를 붙잡아 벌하셨을 때, 하나님은 그들에게 처벌하는 이유 즉 원인을 말해주었습니다. 하나님은 "너희는 이런 일을 저질렀기에, 너희는 앞으로 이렇게 될 것이다. 너희는 죄를 지었기에, 너희 죄의 결과로 괴로운 삶을 살게 될 것이다."라고 말했습니다. 따라서 죄는 이 세상 모든 괴로움의 원인입니다. 에고를 탄생시킨 분리라는 죄는 그 결과를 낳습니다. 즉 괴로운 삶과 고통, 그리고 죽음이 그것입니다.

이 세상에서 우리가 알고 있는 모든 것은 죄가 실재라는 우리 믿음의 결과입니다. 따라서 죄는 원인이고 고통과 괴로움과 죽음은 죄의 결과입니다. 성 바울이 "죄의 삯은 사망이요(로마서 6:23)" (이는 기적수업 T-19.II.3:6에서 인용하고 있습니다.)라고 했을 때 바울은 참으로 명언을 한 것입니다. 바울은 기적수업과 정확히 똑같은 것을 말하고 있습니다. 죄는 원인이고 죽음은 결과입니다. 분리된 세상이 실재한다는 것을 죽음보다 강력히 증명하는 것은 없습니다. 이는 기적수업의 주요한 주제입니다.

그러므로 죽음은 죄가 실재라는 결정적인 증거가 됩니다. 죽음은 죄의 결과이고, 죄는 원인입니다. 이제 우리가 성령의 사고를 따르려고 하고 이 세상이 실재가 아니라는 것과 분리의 죄는 결코 일어나지 않았다는 것을 증명하기를 원한다면, 죄의 결과가 없다는 것을 증명하기만 하면 됩니다. 우리가 원인이 결과를 갖지 않는다는 것을 증명할 수 있다면, 그 원인은 더 이상 존재할 수 없습니다. 만약 어떤 것이 원인이 아니라면 그것은 실재가 아닙니다. 실재인 것은 반드시 원인일 수밖에 없고 따라서 결과를 갖습니다. 우리가 결과를 제거하면 우리는 그 원인도 제거하게 됩니다.

자, 이 세상에서 죄의 가장 큰 결과가 죽음이라면, 죽음이 허상이라는 것을 입증하는 것은 동시에 죄가 없다는 것도 입증하는 것입니다. 그것은 또한 분리가 결코 일어나지 않았다고 말하는 것이기도 합니다. 그러므로 우리는 죽음이 없다는 것을 우리에게 보여줄 누군가가 필요합니다. 죽음을 해제함으로써 그 사람은 또한 죄를 해제하고 동시에 분리가 없다는 것을, 분리는 결코 일어나지 않았다는 것을 보여주고, 유일한 실재요 유일한 진짜 원인은 하나님이라는 것을 우리에게 보여줄 것입니다. 그것을 보여준 사람이 예수였습니다. 예수의 사명은 죽음이 없다는 것을 보여주는 것이었습니다.

인과원리를 다음 도표로 요약하였습니다.

	원인 ⟷	결과
천국	하나님 (아버지) ⟷	그리스도 (아들)
세상	죄 ⟷	고통 병 죽음

복음서들은 예수를 세상의 죄를 없애시는 하나님의 어린 양으로 묘사합니다(예 요한1:29). 예수가 세상의 죄를 없애는 방법은 죄의 결과가 없다는 것을 보여주는 것이었습니다. 죽음을 극복하면서 예수는 모든 죄를 없애버렸습니다. 하지만 이것은 교회가 이해한 방식이 아니고 교회에서는 그렇게 설교하지도 않았습니다. 따라서 기적수업이 이 시점에, 이런 방식으로 온 중요한 이유 중 하나는 이 오류를 바로잡기 위해서입니다. 예수가 한 일은 고통과 죄 그리고 죽음의 이 세상에 살면서 그러한 것이 그에게 아무 결과를 갖지 않는다는 것을 보여주는 것이었습니다.

기적수업 전체 기반은 예수의 부활이 실제로 일어났다는 것을 이해하는 데 놓여 있습니다. 엄밀히 말해서 부활은 죽음의 꿈에서 깨어나는 것에 지나지 않습니다. 그러므로 부활은 육신이 아니라 오직 마음과 관련된 것입니다. 하지만 기독교의 전통적인 방식에 따라, 기적수업은 자주 "부활"이라는 용어를 전통적인 이해와 일치되게 사용합니다. 예수는 "내가 헛되이 죽었다고 가르치지 마라. 오히려 네 안에 내가 살아 있음을 증명하여 내가 죽지 않았음을 가르쳐라 (T-11.VI.7:3-4)."고 말합니다. 예수는 여러 차례 같은 것을 다른 방식으로 말하였습니다. 그렇다면 우리가 이해해야 할 핵심은 죽음이 없다는 것입니다. 죽음이 실재라면 고통의 다른 모든 형태도 실재이며, 하나님은 죽었을 것이기 때문입니다. 더 나아가 죄가 실재라면, 그것은 하나님의 일부가 하나님에게서 자신을 분리했음을 의미하고, 그것은 하나님이 존재할 수 없다는 뜻입니다. 하지만 하나님과 하나님의 아들은 분리될 수 없습니다.

그리하여 예수는 이 세상이 실재인지 아닌지를 알려주는 가장 설득력 있는 증인이란 역할을 맡았고, 세상이 그를 지배하지 못한다는 것을 보여주었습니다. 이것이 그의 생애와 그의 사명 그리고 그의 역할이 지닌 전체 의미입니다. 죽음을 극복하는 것은 죽음이 실재가 아니라는 것을, 죽음의 원인으로 보이는 것 또한 실재가 아니라는 것을, 따라서 우리는 진정으로 우리 자신을 아버지로부터 분리시키지 않았다는 것을 드러내 보여주는 것입니다. 그것은 분리의 해제입니다. 기적수업은 성령을 속죄 원리라고 말합니다. 분리가 일어난 듯이 보였던 그 순간, 하나님은 우리 안에 성령을 두셨고, 그리하여 분리가 해제되었습니다. 그것이 바로 원리입니다. 하지만 이 원리를 세상에 보여줄 필요가 있었습니다. 예수는 자신의 삶과 죽음 그리고 부활을 통해 속죄의 원리를 드러내어 보여준 사람이었습니다.

다시 말해, 기적수업에서 유익을 얻기 위해, 예수를 우리의 개인적인 구원자로, 주님으로 혹은 그 어떤 이름으로라도 믿을 필요는 없습니다. 하지만 예수를 그런 존재로 믿지는 않더라도, 부활이 일어날 수 있는 일이라는 사실은 어떤 수준에서는 반드시 받아들여야만 합니다. 궁극적으로 죽음이 허상이라는 사실을 받아들이지 않는다면 기적수업을 받아들일 수 없습니다. 우리는 당장 그럴 필요는 없습니다. 그리고 그것을 우리 삶 속에 완전하게 받아들일 필요도 없습니다. 우리가 그것을 완전하게 받아들이는 순간 우리는 더 이상 여기에 있지 않을 것이기 때문입니다. 그러나 지적인 개념으로서 우리는 그것을 전체 체계의 핵심적인 한 부분으로 인식해야만 합니다.

질문 : 우리가 더 이상 여기에 있지 않을 것이라고 말할 때 당신은 우리가 죽을 것이라는 의미로 말하는 것입니까?

대답 : 그것은 사실상 우리가 우리 자신의 속죄를 위해 여기 있어야 할 필요가 없다는 것을 의미합니다. 그때에는 결국 우리가 여기에 있는 목적을 달성했을 것이기 때문입니다. 그 목적을 달성할 때, 우리는 우리의 몸을 내려놓고 집Home으로 돌아갈 수 있습니다. 이것은 멋진 생각이지 우리가 대체로 이해하는 그런 나쁜 생각이 아닙니다.

이 인과원리는 용서의 면에서도 작용하며, 예수는 그것을 드러내는 가장 좋은 사례 몇 가지를 제공하였습니다. 내가 여기 앉아 있는데 어떤 사람이 들어와 나를 공격하는 그 예로 다시 돌아가 생각해 봅시다. 만일 내가 바른 마음에 있지 않다면 나는 그 사람을 내가 겪는 괴로움의 원인으로 볼 것입니다. 그러면 내 괴로움은 그 사람이 지은 죄의 결과가 됩니다. 상처받았다는 나의 반응은 그 사람이 죄를 범했다는 사실을 강화할 것입니다. 그런데 만일 내가 바른 마음에 있다면 오른 뺨을 맞으면 왼뺨도 돌려댈 것입니다. 이는 나는 상처받지 않았기에 그가 내게 범한 죄는 결과가 없다는 것을 보여 준다는 의미입니다. 결과를 무효로 만듦으로써, 나는 또한 원인도 무효로 만드는 것입니다. 그것이 진정한 용서입니다.

예수는 이러한 예를 부활만이 아니라 생애 막바지에서의 다양한 방식으로 우리에게 보여주었습니다. 이것은 "십자가의 메시지" (T-6.I)라는 제목의 강렬한 절에 나옵니다. 사람들은 그를 공격하고 굴욕감을 주고 조롱하고 모욕했으며, 마침내 죽였습니다. 그들은 그에게 죄를 짓고, 그를 괴롭히는 원인처럼 보였습니다. 이에 예수는 되받아 공격하지 않고 계속해서 그들을 사랑하고 용서함으로써 그들의 죄가 그에게 아무 결과가 있지 않음을, 따라서 그들은 죄짓지 않았다고 말하였습니다. 그들은 다만 실수를 했던 것입니다. 그들은 다만 도와 달라고 요청했던 것뿐입니다. 그리고 그것이 바로, 자신의 삶에서뿐만 아니라 부활을 통해서 확실하게 예수가 우리의 죄를 용서했던 방식이었습니다. 그는 부활함으로써 세상이 그에게 범한 살해 죄는 결과가 없다고 분명하게 말했습니다. 예수는 여전히 우리와 함께 있습니다. 따라서 그들은 예수를 죽일 수 없었고 그것은 그들이 죄짓지 않았다는 것을 의미합니다. 그들은 단지 자기들의 "죄"를 지었다고 잘못 이해했을 뿐입니다. 그것이 기적수업이 묘사하는 성령의 용서 계획입니다. 원인이 아무 결과를 갖고 있지 않음을 보여줌으로써 그 원인을 해제하는 것입니다.

세상에서 가장 어려운 일은 공격을 용서로 맞이하는 것입니다. 그러나 그것은 하나님께서 우리에게 유일하게 청하시는 것입니다. 또한, 예수가 우리에게 유일하게 청하는 것이기도 합니다. 그리고 아름다운 것은 예수는 그것이 어떻게 이루어져야 하는지의 완벽한 예를 보여주었을 뿐 아니라 우리가 똑같은 일을 할 수 있도록 도와주기 위해 우리와 함께 머물러 왔다는 사실입니다. 우리 안에 우리를 보호하고, 사랑하며, 위로하며, 우리에게 우리를 공격하는 자와 그의 사랑을 나누자고 요청하는 누군가가 있다는 것을 알지 못하는 상태로는 아무도 세상의 공격을 대면할 수 없습니다. 우리는 그의 도움 없이는 이를 행할 수 없습니다. 그리고 바로 이것이 예수가 기적수업에서 계속 반복하여 간청하는 것입니다. 즉 그의 도움을 받아 용서하라는 것입니다.

질문 : 그렇다면 우리가 공격받고서 가해자를 용서한다면, 우리의 에고가 용서하는 게 아니라 우리가 성령의 현시가 되어 성령이 곧 용서한다는 말인지요?

대답 : 그렇습니다. 예수가 기적수업에서 자신이 성령의 현시라고 말

할 때 그는 오직 성령의 말만을 전하며 다른 그 어떤 말도 전하지 않는다는 의미였습니다. 성령을 하나님을 위한 음성Voice for God으로 묘사합니다. 하나님은 두 음성을 가지고 있지 않습니다. 예수에게는 더 이상 에고가 없으니 성령의 음성만이 예수가 지닐 수 있는 음성이며, 예수는 곧 그 음성의 현시입니다. 우리는 자신을 예수와 동일시하고, 세상을 예수가 지각하듯이 (그리스도의 비전) 지각하는 그만큼 우리는 성령의 현시가 되며, 우리의 음성은 곧 성령의 음성이 됩니다. 그렇게 되면 우리가 입을 열 때마다 들리는 것은 그의 음성일 것입니다. 예수가 우리에게 요청하는 것은 바로 그것입니다.

기적수업에서 가장 아름다운 문구 중의 하나는 연습서 다섯 번째 복습의 서문에서 찾을 수 있습니다 (W-pI.rV.9:2-3). 그것은 연습서에서는 드물게 예수가 자신에 대하여 말하는 부분입니다. 그것은 바꿔 말하면 이런 뜻입니다: "나는 너의 눈과 손과 발이 필요하다. 나는 너의 음성이 필요하며, 그 음성을 통해 나는 세상을 구원한다." 이는 우리가 없다면 예수가 세상을 구원할 수 없다는 뜻입니다. 그가 교과서에서 "네게 내가 필요한 만큼이나 나도 네가 필요하다 (T-8.V.6:10)."고 말했을 때 의미한 것은 바로 이 점이었습니다. 우리를 통하지 않으면 아무도 성령의 음성을 들을 수 없기에, 우리가 아니라면 성령의 음성은 세상에서 들릴 수 없습니다. 그 음성이 들리려면 이 세상에 어떤 특정한 형태나 몸을 통해 전달되어야 합니다. 그렇지 않으면 그는 그저 의미 없는 상징적인 추상으로만 계속 남아있을 것입니다. 그는 자신이 우리를 통해 말할 수 있을 만큼 우리가 에고를 버리기를 바랍니다. 카디날 뉴먼의 아름다운 기도문은 이렇게 끝맺습니다. "그리고 그들이 고개를 들 때 나를 보지 않고 오직 예수만을 보게 하시옵소서." 사람들이 우리가 말하는 것을 들을 때, 우리의 말이 아니라 오직 예수의 말을 듣게 하십시오.

개인적으로 예수를 역사적인 인물로, 십자가에 못 박히고 "죽음에서 부활한" 자로 동일시할 필요는 없습니다. 그를 기적수업의 저자, 또는 우리의 교사로서 동일시할 필요도 없습니다. 그러나 그를 용서하는 것은 필요합니다. 만일 우리가 그를 용서하지 않는다면, 우리는 실제로는 우리 자신에 대한 원망을 그를 상대로 하는 것입니다. 예수는 그를 개인 교사로 여기라고 요청하는 게 아닙니다. 다만, 그를 다른 방식으로 보고 사람들이 만들어낸 그의 이미지를 그에게 책임 지우지 않기를 요청할 뿐입니다. 기적수업에서 성령은 "세상과 다만 형제가 되려는 그를 가혹한 존재로 우상화하였다 (C-5.5:7)."고 말합니다. 프로이드가 "나는 프로이드파가 아니다."라고 말했듯이 예수도 "나는 기독교인이 아니다."라고 말할 수 있을 것입니다. 니체는 최후의 기독교인은 십자가에 매달려 죽었다고 했으며, 이 말은 불행히도 사실일 것입니다.

끝으로, 우리는 예수를 배움의 모범으로 삼으라는 기적수업에 나오는 예수의 말을 상기할 수 있습니다 (T-5.II.9:6-7; 12:1-3; T-6.in.2:1; T-6.I.7:2; 8:6-7). 이는 물론 우리도 예수처럼 십자가에 못 박혀야 한다는 의미가 아닙니다. 이는 그의 죽음에서 부활을 보고 우리 자신을 죽을 수 없는 존재로 여기는 법을 배워야 한다는 말입니다. 즉 다시 말해, 우리는 우리가 부당한 대우를 받았다고 느끼고 싶을 때마다, 세상이 우리에게 한 일의 결백한 피해자가 되고 싶을 때마다 예수의 모범을 기억하고 그의 도움을 청해야 합니다. 세상의 눈으로는 그는 의문의 여지가 없이 결백한 피해자였습니다. 그러나 그는 이 지각을 공유하지 않았습니다. 그러므로 그는 우리에게 대부분 그의 삶보다는 덜 극단적인 모든 상황에서 우리는 오직 우리 자신의 생각에 의해서만 피해자가 될 수 있고, 우리의 진정한 정체Identity인 하나님의 사랑과 평화는 다른 사람이 하는 또는 하는 듯이 보이는 그 어떠한 행동에도 영향을 받지 않는다는 것을 기억할 것을 요청합니다. 바로 이 기억이 용서의 기반이며, 이를 배우는 것이 기적수업의 목적입니다.

기적수업에 관해 자주 제기된 질문들

이 질의응답은 〈기적수업에 관해 제기된 질문들〉에서 일부 인용한 것이며, 질의응답 전체를 보실 분은 https://acimkorea.org 〈기적수업 한국 모임〉 홈페이지에 접속해서 〈자주 하는 질의응답〉 게시판을 확인하시기 바랍니다.

질문 1 : 기적수업은 다른 영적인 가르침, 구체적으로 성경과는 어떤 관계에 있습니까?

대답 : 이것은 매우 중요한 질문입니다. 이 질문에 대한 답을 잘못 이해하면 기적수업의 내용과 실천 방법에 대해 매우 왜곡된 관념을 가지게 될 수도 있기 때문입니다. 우리는 영적인 길을 추구하는 많은 이들이 다양성 보다는 통합을 강조하는 시대에-우리는 여러 가지 영적의 길을 통틀어 "뉴에이지"라고 부릅니다-살고 있습니다. 물론 통합은 존중할만한 영적 목표라고 할 수 있지만, 분리된 세상의 현재 상태를 부인합니다. 즉 그러한 목표는 우리 모두가 서로 다르고, 각자 다른 영적인 길을 필요로 한다는 것을 부인합니다. 이 사실을 받아들이면 여러 가지 영적인 길들이 서로 다르다는 것이 이상하지 않을 것입니다. 어느 수준에서 이것은 당연한 말인 것처럼 보일 수 있지만, 겉보기만이라도 통합된 모습을 보이기 위해 차이점을 없애려고 하면 당연한 사실을 놓치기가 쉽습니다. 그러한 노력은 모든 영적인 길들의 효력을 떨어뜨립니다. 예수는 헬렌과 기적수업을 통해 자신이 전하는 수업이 다른 영적인 가르침들과 다르다는 점을 표명했습니다. 이것은 기적수업이 다른 가르침들보다 더 우수하다는 의미가 아닙니다. 하지만 분명한 것은 기적수업이 독특하다는 것입니다.

교사용 지침서 앞부분에서 예수는 기적수업에 대해 다음과 같이 설명합니다.

이것은 보편적인 수업을 특별한 형태로 가르치는 교사들을 위해 고안된, 하나의 특별한 교육과정의 지침서이다. 보편적인 수업은 수천 가지의 형태가 있으나 결과는 모두 같다 (M-1.4:1-2).

우리는 이미 헬렌에게 준 예수의 메시지 **"나는 아무 것도 행할 필요가 없다"** (T-18.VII) 부분을 살펴보았으며, 그 메시지를 통해 예수는 명상 또는 묵상을 강조하는 다른 영적 가르침들과 기적수업이 다르다는 점을 지적합니다.

그러므로 기적수업은 다른 영적 가르침들과 마찬가지로 우리의 집인 하나님께 돌아간다는 같은 목표를 가지고 있습니다. 하지만 기적수업의 이론과 실천 방법은 다릅니다. 예수는 수업과 다른 영적 가르침들의 관계를 다음과 같이 요약합니다.

보편적인 신학은 불가능하지만, 보편적인 경험은 가능할 뿐 아니라 반드시 필요하다 (C-in.2:5).

대부분의 영적 가르침들은 이원적인 반면, 기적수업은 비이원적입니다. 기적수업을 다른 영적 사고 체계와 혼동하는 것은, 예를 들자면 "기적수업은 마치 …(자기가 가장 좋아하는 영적 가르침)과 같더라"라고 생각하는 것은 수업의 가르침에 대한 경계심을 줄이기 위해 수업의 내용을 바꾸려는 에고의 계략에 지나지 않습니다. 우리는 이와 같은 에고의 계략의 대표적인 예를 이미 접한 바 있습니다. 기독교는 예수의 혁신적 가르침을 있는 그대로 받아들이는 대신 그것을 유대교와 구약 성서에서 연장된 가르침으로 해석했습니다. 기적수업 학생들은 과거의 실수를 보고 배워야 하며, 수업을 자신의 수준으로 끌어내리는 대신 수업의 수준으로 자신을 성장시켜야 합니다.

올더스 헉슬리가 세상의 신비주의 전통을 모두 아우르기 위해 쓴 표현인 "영원의 철학the perennial philosophy"의 범주에 기적수업을 넣는 것도 앞서 언급한 실수의 또 다른 예라고 할 수 있습니다. 이것 또한 기적수업이 세상의 영적 가르침들에 제공한 독특한 메시지를, 즉 물질 우주는 하나님의 창조물이 아닐 뿐만 아니라 하나님을 "공격하기 위해" 만들어진 것이라는 메시지(W-pII.3.2:1)를 흐리게 만들며, 수업의 이해에 전혀 도움이 되지 않습니다. 세상의 다른 영적, 종교적 사고체계와 기적수업의 가장 큰 차이점은 바로 이러한 심오하고 정교한 심리학적 원리와 완벽하게 통합된 순수 비이원론의 형이상학입니다.

기적수업과 성경은 크게 네 분야에서 차이를 보여주며, 이를 살펴보면 수업과 성경이 절대로 서로 융합될 수 없음을 알 수 있습니다. 이 둘의 차이점을 구체적으로 다루는 케네스 왑닉과 노리스 클라크라는 예수회 신부가 나누었던 대화 기록, "기적수업과 기독교의 대화"에 나온 내용을 인용하면 다음과 같습니다.

1) 기적수업에서 하나님은 모든 물질과 형태와 육체가 포함된 물질적 우주를 창조하지 않았지만, 성경은 그것들을 하나님의 창조물로 가르칩니다.

2) 기적수업의 하나님은 분리의 죄를 전혀 알지 못하며, (분리를 아는 것은 분리를 실재화하는 것과 같기 때문에), 따라서 거기에 반응하지 않습니다. 성경의 하나님은 에덴동산 이야기에서 묘사하는 바에 따르면, 직접 죄를 지각하며 매우 격렬하고 파격적이고 가혹한 반응을 보입니다.

3) 기적수업의 예수는 다른 모든 사람들과 동등합니다. 그는 다른 이들과 마찬가지로 하나님의 독생자인 그리스도의 일부입니다. 반면에 성경의 예수는 특별합니다. 하나님의 독생자이자 삼위일체의 2위격 인물인 그는 출생부터 남달랐습니다.

4) 기적수업의 예수는 십자가의 희생양이 되어 인류를 속죄하도록 하나님이 보낸 인물이 아닙니다. 수업의 예수는 실재에서 자신에게 아무 일도 일어나지 않았음을, 죄가 하나님의 사랑에 아무런 영향을 줄 수 없음을 입증함으로써 죄가 없다는 것을 가르칩니다. 성경의 예수는 세상을 죄로부터 구원하기 위해 엄청난 고통을 겪다가 죽음을 맞이하는데, 그로 인해 죄와 죽음은 실재하는 것으로 성립됩니다. 또한 예수의 고난은 하나님이 아담의 죄에 영향을 받았고 거기에 대응하여

자신이 사랑하는 아들을 희생할 수밖에 없었다는 관념을 반영합니다 (기적수업과 기독교의 대화 2-3쪽).

이번 답은 성경에 중점을 두었지만, 사실 이것은 다른 모든 영적 가르침들에도 적용될 수 있는 메시지입니다. 다른 영적 가르침을 학습하는 것이나 예배 또는 영적 단체 모임에 참석하는 것은 전혀 해가 되지 않습니다. 하지만 기적수업의 학생이라면 적어도 서로 융합될 수 없는 수업과 다른 영적 가르침들의 내용을 융합하려고 하지 말아야 합니다. 어떤 영적 가르침들은 서로 융합될 요소를 가지고 있을 수도 있지만, 기적수업은 그러한 요소가 없습니다.

질문 2 : 만일 기적수업이 보편적으로 적용될 수 있는 가르침이라면, 왜 특정한 종파 즉 기독교와 연관된 형태로 온 것입니까? 그런 형태는 기적수업이 온 세상에 널리 전파되는 데 방해가 되지 않을까요?

대답 : 기적수업의 메시지는 보편적이지만-**"하나님의 아들은 죄가 없고, 그의 결백에 그의 구원이 있다"** (M-1.3:5) - 수업의 형태는 보편적이지 않으며, 애초부터 보편적인 형태를 취할 의도도 없었습니다. 앞서 우리는 이 수업이 "특별한 과정"임을 밝히는 예수의 말을 인용했었는데, 이는 수업의 내용이 특정한 학생들을 위한 것임을 명백

하게 반영합니다. 기적수업은 전혀 기독교답지 않은 기독교와 전혀 영적이지 않은 20세기의 심리학에 영향을 받은 서구 사회를 위한 가르침입니다. 기적수업이 서구의 언어, 좀 더 구체적으로 말하자면 기독교와 심리학적 용어를 사용하는 이유는 바로 그 때문입니다. 구체적인 영적 행로라고 할 수 있는 기적수업은 전 세계에 적용될 의도로 전해진 수업이 아닙니다. 서구 사회가 기적수업, 그리고 그밖에 다른 영적 가르침들을 가지고 있듯이, 다른 문화와 전통적 종교들도 이미 자기들만의 영적 가르침을 가지고 있으며, 앞으로도 그럴 것입니다. 이 책에서 거듭 지적한 바와 같이 보편적인 수업의 내용은 모든 이들이 하나로 결합하는 것이지만, 그 내용을 학습하는 데에는 여러 가지 "특별한 교육 과정"이 있으며, 기적수업은 그 중 하나일 뿐입니다. 사실 형태는 거의 그 단어 자체에 서로 같지 않다는 의미가 내재되어 있으며, 서로 다른 형태는 하나로 융합될 수 없습니다. 그러므로 형태는 보편적일 수 없고, 모든 이들에게 적용될 수도 없습니다. 그래서 예수는 용어 해설의 서문에서 다음과 같은 중요한 가르침을 반복해서 지적합니다.

보편적인 신학은 불가능하지만, 보편적인 경험은 가능할 뿐 아니라 반드시 필요하다. 이 수업은 바로 이 경험을 지향한다 (C-in.2:5-6).

"보편적인 경험"은 바로 사랑이며, 기적수업은 사랑을 되찾는 방도의 한 형태일 뿐입니다.

질문 3 : 기적수업의 하나님은 성서의 하나님과 같은 하나님입니까?

대답 : 기적수업에서 예수님은 하나님이 이 세상을 창조하지 않았다는 것을 명백하게 확언하며, 이것만 보더라도 기적수업의 하나님과 유대교나 기독교의 신은 다르다는 것을 알 수 있습니다. 성경의 하나님은 말로써 물질 우주를 창조한 이원적인 창조주입니다. "하나님이 말씀하시기를…있으라"는 문구는 창세기에 묘사된 하나님의 창조 방식입니다. 그리하여 하나님 바깥에 존재하는 분리된 세상과 생명체가 탄생하게 되었다는 것입니다. 따라서 창세기에 기록된 바와 같이 성경의 하나님은 자신 바깥으로 생각 또는 관념을 투사함으로써 창조하며, 투사된 생각은 하나님 바깥에서 물질적 "실재"가 됩니다.

하지만 기적수업의 하나님과 성경에 나오는 하나님의 차이는 보다 더 깊은 곳에 뿌리를 두고 있습니다. 성경의 하나님은 죄를 실재로 여기는 사람처럼 행동하며, 자기가 본 죄에 대해 반응합니다. 성경의 신은 일단 죄를 처벌하고, 그다음 자신의 거룩한 종과(고난당하는 종 : 구약성서의 이사야서) 자신의 독생자 예수가(신약성서) 겪는 희생과 고통을 통해서만 용서하고 구원하는 속죄의 계획을 제공합니다. 반면 기적수업의 하나님은 사람이 아니며, 따라서 호모 사피엔스의 인간적 속성을 전혀 가지고 있지 않습니다. 기적수업의 하나님은 성경에서 말하는 원죄 즉 분리를 인식조차 하지 못하며, 따라서 분리에 반응하지도 반응할 수도 없습니다.

질문 4 : 기적수업이라는 책 제목을 정한 사람은 누구이며, 기적수업이라 정한 이유는 무엇입니까?

대답 : 기적수업은 예수가 정한 제목입니다. 예수는 헬렌에게 수업을 구술하기 시작할 때 이 수업을 "이것은 기적 수업이다"라고 소개했으며, 기적수업을 구술하는 동안에도 가끔 그 말을 반복했습니다. 책의 색다른 제목이 주의를 끌기에 알맞다는 것 자체가 이런 제목을 지어준 이유처럼 보일 수도 있지만, 진정한 이유는 이 수업 전체가 학생으로 하여금 기적이 무엇인지를 배우고 이해할 수 있도록, 기적을 삶에 적용하는 법을 익힐 수 있도록 도와주는 데 중점을 두기 때문입니다. 예수가 제시하는 이 수업 과정의 핵심은 교정입니다. 구체적으로 말하자면 이 수업은 우리에게 매우 강력한 힘을 가진 마음이 있음을 성령이 우리에게 일깨워주는 과정입니다. 분리의 문제를 일으킨 것은 마음이었으며, 오로지 성령과 결합한 마음만이 교정을 받아들일 수 있습니다.

교과서의 앞부분에서 예수는 헬렌과 (미래의 모든 학생들에게) 자기가 전하는 수업의 목적은 "**네 생각의 힘**"(T-2.VII.1:5)을 인식하도록 도와주는 것이라고 말했습니다. 생각의 힘을 인식하게 해주는 것은 기적입니다. 기적은 기적수업 학생들에게 그들의 마음만이 물질 우주 전체는 물론이고 그들이 가진 문제들도 만들었으며, 따라서 그들의 마음만이 문제를 해결할 수 있다고 일깨워줍니다. 따라서 기적은 꿈을 만든 자가 우리 자신임을, 예수 또는 성령과 결합하면 꿈이 일으켰던 고통에서의 탈출을 받아들일 수 있음을 다시 기억하게 해줍니다. 예수는 교과서 뒷부분에서 다음과 같은 설명을 남겼습니다.

> 기적은 너를 깨우지 않고 다만 꿈꾸는 자가 누구인지 너에게 보여준다. 기적은 네가 잠든 상태에서도 너의 목적에 따라 꿈을 선택할 수 있음을 알려준다...
> 기적은 네가 꿈을 꾸고 있고, 꿈의 내용이 진실이 아님을 확인시켜준다...
> 기적은 두려움을 만든 네게 두려움의 원인을 돌려준다. (T-28.II.4:2-3; 7:1; 11:1)

질문 5 : 에고는 어떻게 생겨났으며, 분리의 재발을 어떻게 방지할 수 있습니까?

대답 : 이 질문은 의심의 여지없이 기적수업 학생들이 가장 자주 묻는 질문입니다. 모든 학생은 이러한 의문을 한번쯤은 가져 보았을 것입니다. 학생들이 얼마나 다양한 형태로 이 같은 질문을 던지는지 놀라울 정도입니다. 이 근본적인 질문을 다른 식으로 표현하자면 다음과

같습니다. "하나님과 하나님의 아들이 완벽하고 통합된 상태라면, 어떻게 불완전한 분리의 생각이 그들의 마음에서 일어날 수 있었는가?"

여기에 대한 예수의 답은 비이원적인 수준의 답이기에, 아마도 까다로운 지적인 관점에서 답을 요구하는 마음에게는 만족스러운 답이 아닐 것입니다. 하지만 우리가 경험하는 이원적인 수준의 이 질문은 사실 형태만 질문이지 선언입니다. 이것은 에고적 마음이 자신의 독특한 정체, 자신이 실재임을 성립하기 위한 질문입니다. 그러므로 이것을 묻는 자는 사실 "나는 내가 여기에 있다고 믿으며, 이제 내가 여기에 어떻게 오게 되었는지 설명해주시오." 라고 선언하고 있는 것입니다.

의식은 꿈꾸는 아들의 마음에서 일어난 첫 번째 분열이었습니다. 의식은 지각하는 자와 지각 되는 대상이 분리된 "실재"로 존재하는 것처럼 보이는 에고적 상태입니다. 의식은 분리되고 불확실한 거짓 자아의 관념을 초래하며, 그 거짓 자아는 하나님이 창조한 진정한 자아와 반대되는 것들을 경험합니다. 자신이 "여기"에 있고, 자신의 "기원"에 대해 "묻는"다고 여기는 자는 바로 그 거짓 자아입니다. 하지만 완전한 것에서 불완전한 것이 생겨날 수는 없으며, 하나님의 완전한 아들의 완전한 마음에서는 분리의 불완전한 생각이 떠오를 수 없습니다. 오직 꿈의 세상에서만 이와 같은 불합리하고 불확실한 믿음을 가질 수 있으며, 그 믿음에서 온 의문들을 떠올릴 수 있습니다.

이 질문은 자신이 분리되었고 독특하다고 믿는 자만이 할 수 있는 질문이며, 불가능한 것이 정말로 일어났기에 질문에 대한 설명이 필요하다는 점에 동의하는 자만이 답할 수 있는 질문입니다. 따라서 오직 꿈꾸고 있는 에고만이 이러한 질문을 던질 수 있습니다. 천국에 거하는 자신의 정체에 대해 확신을 갖고 하나님 안에서 깨어있는 하나님의 아들은 이 질문의 토대가 되는 분리를 아예 상상조차 할 수 없습니다. 실재에서 분리는 한 번도 일어난 적이 없는데, 분리가 다시 일어난다는 것이 말이 되겠습니까? 그러므로 이것은 질문에 답하는 것 자체가 덫에 빠지는 종류의 질문입니다. 그것은 "당신은 언제부터 아내를 때리는 것을 그만두었는가?"라는 질문과 같습니다. 이 질문에 답하는 순간 자신을 범죄자로 시인하는 것이 되어버리는 것입니다.

이 질문에 대한 예수의 답은 기적수업 중 두 부분에서 찾을 수 있습니다. 첫 번째 답은 교과서에 실려 있으며, 이것은 헬렌의 직장 동료이자 친구였던 윌리엄 테드포드가 물었던 질문에 대한 실용적인 답입니다.

마음이 어떻게 에고를 만들 수 있었는지 묻는 것은 합리적이다. 사실 그것은 네가 물을 수 있는 최상의 질문이다. 하지만 과거 일로 답하는 것은 의미가 없다. 과거는 문제되지 않으며 똑같은 오류가 지금도 되풀이되지 않는다면 역사는 존재하지 않았을 것이기 때문이다 (T-4.II.1:1-3).

지금도 여전히 분리를 선택하고 있지 않다면 머나먼 과거에 분리가 어떻게, 무슨 이유 때문에 일어났는지 염려하는 것이 무슨 의미가 있겠습니까?

두 번째 답은 두 부분으로 나뉘어 있으며, 용어 해설에 나옵니다. 두 번째 답은 질문이 거짓된 전제에 기반을 두고 있음을 지적합니다.

에고는 이 수업이 주지 않는 수많은 답을 요구할 것이다. 에고는 자신이 형태만 질문일 뿐 답이 불가능한 것을 질문한다는 점을 인식하지 못한다. 에고는 수많은 형태로 "어떻게 이 불가능한 일이 일어났는가?", "이 불가능한 일이 무엇에게 일어났는가?"라고 물을 것이다. 하지만 답은 없다. 경험만이 있을 뿐이다. 오직 경험만을 추구하라. 신학 이론에 빠져 지체하지 않도록 하라 (C-in.4).

에고를 정의^{定義}하고 에고의 기원을 설명해 달라는 자는 에고를 실재라고 여기고, 에고를 정의함으로써 에고를 실재처럼 보이게 하는 말들 뒤에 그 허상적인 본성을 확실하게 숨기려는 것일 뿐이다.
거짓은 어떻게 정의되든 진실이 될 수 없다 (C-2.2:5-3:1).

질문 6 : 기적수업은 정말로 하나님이 물질 우주 전체를 창조하지 않았다고 가르칩니까?

대답 : 답은 "정말로 그렇다!"입니다. 형태를 갖추거나 물질로 이루어진 것은 하나님에게서 온 것일 수 없기에, 물질의 우주에있는 그 무엇도 실재가 아닙니다. 연습서 43과는 이원성과 분리의 영역인 지각에 대해 다음과 같이 설명합니다.

> 지각은 하나님의 속성이 아니다. 하나님의 속성은 지식의 영역이다…
> 하나님 안에서는 볼 수 없다. 하나님 안에서는 지각은 아무 기능이 없고, 따라서 존재하지 않는다 (W-pI.43.1:1-2; 2:1-2).

용어 해설에는 하나님이 창조하지 않은 지각의 세상의 허상적 본성을 다음과 같이 명확하게 묘사합니다.

> 네가 보는 세상은 세상이라는 허상이다. 하나님은 네가 보는 세상을 창조하시지 않았다. 하나님이 창조하신 것은 하나님처럼 영원해야 한다. 그런데 네가 세상에서 보는 것에는 영원히 지속될 것이 아무것도 없다. 시간 속에서 어떤 것은 다른 것보다 더 지속되지만 (우주를 예로 들 수 있으며, 잠시 후에 살펴볼 교과서의 구절에 거기에 대한

설명이 나올 것입니다.), 보이는 모든 것이 종말을 맞는 때가 올 것이다 (C-4.1).

교과서에도 이와 비슷한 내용을 다루는 구절이 나옵니다.

지각이 지배하는 세상에서는 하나님의 법이 직접 통용되지 않는다. 그러한 세상은 지각이 의미를 가질 수 없는 마음에 의해 창조될 수 없었기 때문이다. 그럼에도 하나님의 법은 모든 곳에서 (성령을 통해) 반영된다. 이는 하나님의 법이 반영되는 세상이 실재라서가 아니라, 단지 하나님의 아들이 이 세상을 실재라고 믿고 있고, 하나님은 그 믿음에서 당신을 완전히 분리하실 수 없었기 때문이다. 하나님은 아들과 함께 정신이상에 빠질 수는 없었으나… (T-25.III.2)

위에서 살펴본 기적수업 구절들은 하나님이 세상을 창조했다고 가르친다고 주장하는 수업 학생들의 오해를 풀어주는 중요한 역할을 합니다. 그들은 하나님이 세상에 대한 우리의 잘못된 지각을 창조하지 않았다는 것이 수업의 가르침이라고 주장합니다. 앞서 검토한 구절에 나오는 "네가 보는 세상"이라는 표현은 우리가 그른 마음을 통해 지각하는 세상 뿐 아니라, 무언가를 지각하고 있다는 현상 자체를 가리키는 표현이기도 합니다. 다시 말하지만 물질 우주 전체, 지각과 형태의 세상 전부가 허상이며, 하나님의 마음에 속하지 않습니다.

그러므로 관찰될 수 있는 모든 것 즉 형태가 있고, 물질로 이루어졌으며, 움직이고, 변하고, 부패하고, 죽는 모든 것은 하나님으로부터 오지 않았습니다. 기적수업은 이 점을 확실하게 표명하며, 그래서 우리는 수업을 완벽하게 비이원적인 사고 체계라고 부릅니다. 기적수업은 이 점에 있어서 예외가 없습니다. 그러므로 웅장해 보이는 우주와 영광스러워 보이는 자연은 모두 에고의 분리적 사고체계의 표현입니다. 교과서에는 이 점에 대한 다음과 같은 아름다운 구절이 있습니다.

영원해 보이는 모든 것은 종말을 맞을 것이다. 별들은 사라지고, 낮과 밤도 더 이상 존재하지 않을 것이다. 오고 가는 모든 것, 밀물과 썰물, 계절, 사람들의 삶, 시간에 따라 변하며, 피었다가 시드는 모든 것은 돌아오지 않을 것이다. 시간이 종말을 세운 곳은 영원이 있는 곳이 아니다 (T-29.VI.2:7-10).

이 사실에 예외를 두려는 시도는 곧 진리와 타협하려는 시도입니다. 그것은 자신의 존재를 성립하려는 에고가 원하는 타협입니다. 예수는 연습서에서 다음과 같이 말합니다. **"거짓은 거짓이며, 진실은 결코 변하지 않았다"** (W-pII.10.1:1). 또한 교과서에서는 다음과 같이 설명합니다.

구원이 얼마나 단순한가! 구원은 결코 진실이 아니었던 것은 지금도 진실이 아니며, 앞으로도 결코 진실일 수 없다고 말할 뿐이다. 불가능한 일은 일어나지 않았고, 따라서 아무 결과도 가질 수 없다. 그것이 전부다 (T-31.I.1:1-4).

그러므로 허상의 그 어떠한 일면도 진리를 부여받을 수 없습니다. 이는 곧 물질적 우주의 그 무엇도 하나님에게서 오지 않았으며, 하나님에게 알려지지도 않았음을 의미합니다. 하나님의 실재는 완전히 꿈의 세상 바깥에 있습니다.

질문 7 : 성자단^{Sonship}이란 말은 무슨 뜻입니까? 그리고 성자단에는 누가 또는 무엇이 포함된 것입니까?

대답 : 기적수업에 나오는 성자단^{Sonship} 혹은 하나님의 아들이라는 용어는 두 가지 방식으로 사용됩니다. 이 용어는 실상의 상태와 허상의 상태 양쪽 모두에 사용됩니다. 천국을 묘사할 때 사용되는 성자단이란 하나님의 유일 창조물, 하나님의 독생자인 그리스도를 가리킵니다. 우리가 이미 살펴본 바와 같이, 그 아들은 자신 안에서도 완전하게 통합되고 있고, 자신의 창조주와도 완전하게 통합되어 있습니다. 반면 꿈의 수준에서 성자단^{Sonship}이란 자신이 분리라는 목표를 달성할 수 있다고 믿었던 분열된 마음의 모든 부분들을 가리킵니다. 분

열된 파편들은 저마다 형태를 가지고 자기만의 삶을 살아가는 듯이 보입니다. 그러므로 동물계, 식물계, 광물계로 불리는 것들도 호모 사피엔스와 마찬가지로 성자단Sonship의 일부입니다.

움직이는 생물과 움직이지 않는 생물의 분류는 에고의 가르침을 따르는 호모 사피엔스가 고안해낸 것으로, 허상 속에 있는 모든 생물을 구분하고 통제하고 "다스리는 것"이(창세기 1:26, 28) 그 목적입니다. 기적수업은 그것을 첫 번째 혼돈의 법칙이라고 일컫습니다. 혼돈의 법칙은 허상들 사이에 위계가 있다고 (T-23.II.2:3), 허상들 중 어떤 것은 더 높은 수준에 있거나 더 진화했거나 더 영적으로 성장한 상태에 있다고 주장합니다. 이것은 철학자들이 묘사하는 "존재의 사슬", 즉 만물은 생명이 있는 것과 생명이 없는 것으로 분류된다는 이론과 흡사합니다. 하지만 "생명"의 형태들은 모두 똑같습니다. 그것들은 모두 하나님으로부터 분리된 삶을 생각한 에고에게서 나온 같은 투사물입니다. 분리의 생각은 성령이 각 파편들의 마음에 보관해둔 생명의 생각(또는 기억)을 막기 위해 세워진 방어막입니다. 예수가 하나님께 올리는 기도문 형식의 다음 구절도 파편들의 본성이 하나임이라는 사실을 묘사하고 있습니다.

아버지 감사합니다. 나는 당신께서 오셔서 거룩한 아들의 부서진 조각들의 작은 간격을 메워주실 것을 압니다. 조각마다 완전하고 완벽한 당신의 거룩함을 담고 있습니다. 조각 하나에 있는 것은 모든 조각에 있으므로 그들은 결합되어 있습니다. 가장 작은 모래알 하나도 하나님의 아들이라는 완성된 그림의 부분으로 인식되었을 때 얼마나 거룩한지요! 부서진 조각들이 취한 듯한 형태는 아무 의미가 없습니다. *조각 하나하나에 전체가 들어 있습니다. 하나님의 아들의 일면은 다른 부분들과 똑같습니다* (T-28.IV.9; 이탤릭체는 두 저자가 표시한 것임)

그러므로 마음이 품고 있는 분리된 아들에 대한 생각은 형태가 아니라 내용입니다. 그것은 자신이 창조주에게서 분리되어 나와, 창조주로부터 독립된 상태로 살아갈 수 있다는 생각입니다. 그 생각이 취하는 형태가 움직이든 움직이지 않든, 단세포 유기체이든 포유동물이든 그것은 중요하지 않습니다. 분리의 생각은 모두 똑같습니다. 하나님의 생각은 모든 분리된 생각들 너머에 있으며, 우리가 그곳으로 돌아가는 순간을 맞이할 때까지 성령이 안전하게 보관하고 있습니다.

질문 8 : 기적수업은 시간을 어떻게 해석합니까?

대답 : "여전히 미지의 미래가 있는 듯이 보이지만"(W-pI.158.3:7) 기적수업은 시간의 모든 일면은 이미 다 일어났다고 서술합니다. 수

업을 이해하려면 예수가 제시하는 시간에 대한 관점을 파악하는 것이 필수입니다. 그것을 먼저 파악하지 않으면 기적수업의 형이상학적 이론과 그 적용을 이해하기가 매우 어려울 것입니다. 교사용 지침서도 이 점을 명확하게 표명합니다.

교수 학습의 구원 계획을(속죄 계획) 이해하려면 수업이 말하는 시간 개념을 파악해야 한다 (M-2.2:1).

우리가 우리 스스로를 창조할 수 있다는 믿음을 (육체가 생기기 이전에) 마음으로 받아들였을 때, 우리는 원인과 결과의 관계를 만들어 냈습니다. 원인과 결과의 관계가 무엇인지 이해하기 쉽도록 예를 들어보겠습니다. 천국과 반대되는 것을 만들 수 있다는 생각은 시공간의 세상이라는 꿈을 낳고, 꿈속에서 우리는 그 생각의 결과를 여러 방식으로 표현합니다. 이 세상에서의 삶이라는 각본이 그 표현 방식 중 하나입니다. 원인과 결과의 관계를 다른 식으로 묘사할 수도 있습니다. 정신 나간 생각은 증오의 꿈 또는 증오의 홀로그램을 생산했으며, 시간과 공간은 그 꿈의 틀을 붙잡아주는 형판의 역할을 합니다. 성자단의 마음이 잠드는 것처럼 보였을 때 그 마음은 진리에 반대되는 생각을 하게 되었습니다. 다음은 그 예가 되는 실재와 허상의 속성들입니다:

실재	허상
영원	시간
생명	죽음
불변성	변화
완벽	불완벽
사랑	증오
무한	유한
영	육체
무영태	형태

    그러므로 분리의 그 생각이 일으켰던 모든 결과들은 이미 일어난 것입니다. 또 그와 동시에 그릇된 생각들 하나하나에 대해서 성령의 교정도 일어났습니다. 수업에서 말하듯이, "이 세상은 오래전에 끝난"(T-28.I.1:6) 것이고, 우리는 다만 "이미 지나가버린 것을 정신적으로 회고하고 있을 뿐"이니, 왜냐하면 이미 "대본은 써져 있기"(W-pI.158.4:5,3) 때문입니다. 이 두 개의 "대본"은 두 개의 홀로그램에 비유할 수 있습니다. 아래의 그림과 같은 증오의 홀로그램과 교정의 홀로그램으로 말이죠. 마음의 일부인 결정권자decision maker가 이 둘 중 하나를 선택합니다.

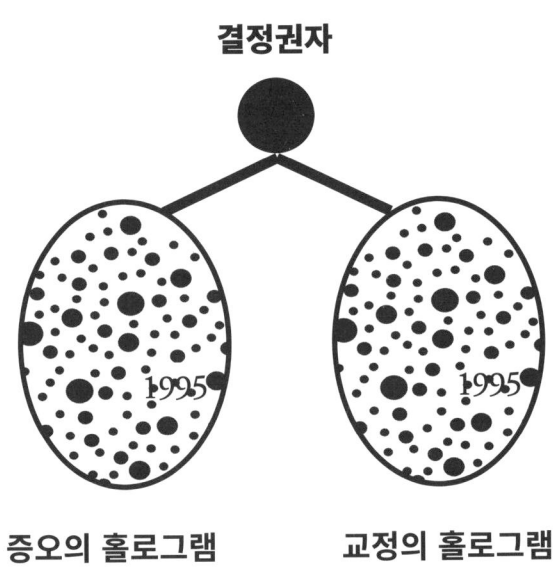

이 두 개의 홀로그램에 대해 교과서의 중요한 한 대목은 이렇게 말합니다.

하나님은 네가 만든 교사와 싸우기 위해서가 아니라 그 교사를 대체하기 위해 당신의 교사를 주셨다. 하나님이 대체하시려는 것은 이미 대체되었다. 시간은 한순간 네 마음에 지속했을 뿐, 영원에 아무 영향도 주지 않았다. 그렇게 모든 시간이 지나가니, 정확하게 모든 것은 무로 이어지는 길이 만들어지기 전에 있었던 그대로다. 첫 번째 실수와 거기에 따른 다른 모든 실수를 범한 그 눈 깜짝할 사이에, *첫 번째 실수와 그에 따른 모든 실수에 대한 교정이 담겨 있었다.* 그리하여 그 짧은 찰나에 시간이 사라졌으니, 시간은 그런 것이었을 뿐이기 때문이다. 하나님이 답하신 것은 답을 받았기에 사라진다 (T-26.V.3; 이탤릭체는 저자가 표시한 것임).

기적수업의 시간과 공간에 대한 관점은 교과서의 다음 구절과 같이 요약될 수 있습니다.

시간과 공간은 형태만 다를 뿐, 같은 허상이다. 이 허상이 너의 마음 너머로 투사되면 너는 그것을 시간이라고 생각하고, 너의 마음이 있는 곳에 가까워질수록, 너는 그것을 점점 더 공간으로 여긴다 (T-26.VIII.1:3-5).

"이 허상"이란 하나님으로부터의 분리가 실재한다는 믿음입니다. 수십 억 년에 걸쳐 있고 거의 무한에 가깝게 펼쳐진 듯이 보이는 물리적 우주 전체 기저에 깔려 있는 것은 바로 이 생각입니다. 그러나 **관념은 자신의 근원을 떠나지 않으며**(W-pI.167.3:6-7), 겉보기에 광대해 보이는 우주는 그저 이 단순한 생각, 이 단 하나의 생각의 현현일 뿐이며, 바로 이 생각이 이 생각을 광기 속에서 떠올렸던 분열된 마음 내부에 계속해서 남아 있는 것일 따름입니다.

이것은 이 분리의 생각을 그 마음 바깥으로 투사시킴으로써 그 생각이 계속해서 보호받게 하려는 에고의 전략의 핵심 요소라 하겠습니다. 이렇게 함으로써 아들은 자신의 마음 안에 있는 성령에게 도움을 청하지 않게 되고 따라서 그 생각을 해제시킬 수 없게 되는 것이지요. (그렇다고 "정신 나간 작은 생각"이 실제로 일어났다는 것은 물론 아닙니다.) 만약 아들이 자신이 마음을 갖고 있다는 것을 잊어버린다면, 따라서 분리되어 있기로 선택한 자기 마음의 결정을 더 이상 인식하지 않게 된다면, 그렇다면 아들이 자신의 마음을 변화시킬 수 있는 방법은 아예 없습니다. 이것이 자신의 존속을 유지하려는 에고의 음모의 궁극적인 목적입니다.

그러므로 분리의 생각이 아들의 "마음 너머로" 투사된다면, 그것은 시간의 차원 안에서 표현이 되어버립니다. 과거와 외관상 현재인 것처럼 보이는 것과 미래는 수십 억 년이라는 어마어마한 간극을 반영하기 위해 과연 나타나는 듯이 보입니다. 에고는 이 어마어마한 간극을, 하나님과 성령으로부터 분리된 상태로 있겠다고 선택한 마음의 결심과, 스스로를 몸이라고 생각하는 아들의 경험 사이에 끼워 넣기를 소망합니다. 분리의 생각이 한 개인과 다른 개인 사이에서 경험될 때, 즉 자신을 보다 가까이서 경험하는 것, 이것이 바로 공간입니다. 내가 맺고 있는 여러 특별한 관계 속에서 자기 자신과 다른 이들 사이에서 경험하는 물리적인 간극입니다. 이것을 다른 식으로 말한다면, 공간을 포함해서 시간은 원인과 결과를 분리된 상태로 유지시키기 위해 에고가 특별히 제작한 것이라고 할 수 있습니다. 여기서 원인이란 마음과 마음의 생각들을 말하며, 결과란 우리의 고통과 괴로움을 가리킵니다. 이렇게 해서, 분리된 상태로 있겠다고 선택한 마음의 결심과, 수없이 서로 다른 각본의 꿈들을 겪는 우리의 경험에 어떤 커다란 간극이 있게 되었습니다. 우리는 바로 이 꿈들 속에서 고통과 괴로움을 경험하고 있지요. 오직 원인과 결과를 함께 묶어서 가져와서 함께 해제될 때라야, 참된 치유는 존재할 수 있습니다. 그리고 이 치유의 때란, 내가 나 자신이라고 부르는 인물이 분리의 꿈에서 깨어나 속죄를 받아들이는 때입니다.

그러므로 결론을 말씀드리자면, 공간의 세상을 포함해서 시간의 세상이라는 것은 아들의 마음 내부에서 감춰진 채로 남아 있는 분리의 생각이, 즉 시간과 공간이라는 방어 뒤에 교묘하게 숨겨진 분리의 생각이 아들의 마음 바깥에서 투사되고 표현되는 형태에 지나지 않습니다.

질문 9 : 우리는 사후에 어떻게 되며, 어디로 갑니까? 임사 체험은 기적수업 학생들과 어떠한 연관이 있습니까?

대답 : 죽음의 "이행" 과정은 다음과 같은 예와 비교될 수 있습니다. 1) 한 꿈에서 다른 꿈으로 옮겨가는 것. 2) 한 동영상을 시청한 후 다른 동영상을 시청하는 것). 3) 텔레비전에서 방송 하나를 다 시청한 후 채널을 돌려 다른 방송을 시청하는 것. 시청자는 프로그램이 끝나기 전에 채널을 돌리기로 선택할 수도 있습니다. 4) 19세기의 힌두교 스승이 가르친 바와 같이, 한 방에서 다른 방으로 옮겨가는 것. 의식은 육체나 두뇌가 아니라 분열된 마음에 있기에, 육체의 죽음은 정신적 상태의 종말처럼 보이는 허상입니다. 정신적 상태는 육체가 죽은 이후에도 유지됩니다. 분리의 생각이 육체에 투사되어도 그 생각은 자신의 근원인 그른 마음에 남아있습니다. 따라서 우리는 죽은 이후에 그 어디로도 가지 않습니다. 텔레비전 채널의 비유를 다시 빌려보자면, 채널이 바뀌면서 화면에 장소가 바뀌는 것을 보게 되더라도 사실 시청자는 의자에 그대로 앉아 있을 뿐입니다.

우리가 죽음이라고 부르는 것이 깨달음이나 평화를 안겨주지 않음을 인식하는 것이 중요합니다. 에고의 사고 체계 전체를 내려놓는 것을 완수하지 않으면, 즉 그른 마음을 내려놓지 않으면, 깨달음이나 부활은 불가능합니다. 수업에서 예수는 육체의 죽음을 탈출구로 여겨서는 안 된다고 경고합니다.

생명과 죽음, 깨어남과 잠, 평화와 전쟁, 너의 실재와 꿈, 이것 말고 무슨 선택이 있겠는가? 세상은 몸을 하나님이 창조하신 자아라고 여기기에 죽음이 곧 평화라고 생각할 위험이 있다. 하지만 그 무엇도 결코 자신의 반대가 될 수 없다. 죽음은 평화의 반대다. 죽음은 생명의 반대이고 생명은 곧 평화이기 때문이다. 깨어나(깨어남이 곧 부활) 죽음의 모든 생각들을 잊으라. 그리하면 네게 하나님의 평화가 있음을 발견하리라 (T-27.VII.10:1-6).

육체의 죽음이 육체로부터의 완전한 자유 또는 해방을 제공한다는 믿음의 또 다른 형태는 임사 체험입니다. 임사 체험에 대한 질문은 기적수업 강의와 워크숍에서 자주 받는 질문이기도 합니다. 임사 체험의 경험담은 주로 자신의 몸을 떠나, 어두운 터널을 지나간 이후 동그란 빛에 도달한다는 식으로 전개되며, 많은 이들이 그 빛이 예수였다고 주장합니다. 그들은 사랑에 가득 찬 빛의 현존이 자신들이 살았던 삶을 함께 돌이켜보면서, 배워야 할 것이 있었다면 그 부분으로 되감기하여 배움을 완수하게 하고, 책임질 것이 있었다면 책임을 받아들이게 하며, 중요한 역할을 맡기기도 한다고 설명합니다(특별해지고 싶은 에고에게 이것은 매우 좋은 소식일 것입니다).

임사 체험은 그것을 경험하지 않은 제삼자가 평가할 것이 아닙니다. 임사 체험에서 사람들이 얻은 유익한 것들을 아예 부인하는 것은 어리석은 일입니다. 하지만 임사 체험에 대한 신학적 해석에 대해, 그러한 체험이 삶과 죽음, 또는 "삶 이후의 또 다른 삶"에 부여하는 의미에 대해 의견을 가지는 것은 가능합니다.

기적수업은 마음이 육체 안에 있는 것처럼 보일 수는 있어도 육체 안에 거하지 않는다는 점을 상당히 명확하게 강조한다는 것을 명심해야 합니다. 연습서에는 다음과 같은 구절이 나옵니다.

마음은 자신이 잠자고 있다고 생각할 수 있지만, 그뿐이다. 마음은 자신의 깨어 있는 상태를 바꿀 수 없다. 마음은 몸을 만들 수도, 몸 안에서 살 수도 없다. 마음에게 낯선 것은 근원이 없으므로, 존재하지 않는다…
생명의 반대처럼 보이는 것은 잠일 뿐이다. 마음이 자신이 아닌 것이 되어(즉 육체가 되어), 자신이 갖지 않은 다른 힘과, 들어갈 수 없는 생소한 상태(육체), 또는 자신의 근원에 없는 거짓 상태를 취하기로 한다면, 마음은 다만 잠시 잠드는 것처럼 보일 뿐이다. 그것은 시간을 꿈꾼다. 그 안에서 일어난 듯한 일은 결코 일어나지 않았고, 일어난 변화는 실체가 없으며, 모든 사건은 어디에도 없다. 마음이 깨어나면, 항상 그랬듯이 다만 계속될 뿐이다 (W-pI.167.6:1-4; 9).

교과서의 "몸을 넘어서" 부문에는 다음과 같은 구절이 있습니다.

보복의 집(육체)은 너의 집이 아니다. 네 증오의 거처로 마련한 집은 감옥이 아니라 다만 너 자신에 대한 허상일 뿐이다. 육체는 마음의 영원한 특성인 보편적인 소통에 부과된 한계이다. 그러나 소통은 내면적이다. 마음은 스스로에게 다가간다. 마음은 서로에게 도달하는 다른 부분으로 구성되어 있지 않다. 마음은 밖으로 나가지 않는다. 마음 안에는 한계가 없고, 마음 바깥에는 아무것도 없다. 마음은 모든 것을 에워싼다. 마음은 너를 완전히 에워싼다. 너는 마음 안에 있고 마음은 네 안에 있다. 언제 어디서나 그것 말고는 아무것도 없다 (T-18.VI.8:2-11).

그러므로 기적수업의 관점에서 임사 체험을 검토해보면, 그것이 형태의 수준에서는 전혀 이치에 맞지 않다는 것을 볼 수 있습니다. 만일 육체 안에 머무른 적이 없다면, 어떻게 육체를 떠난 다음 터널을 거쳐 위대한 빛을 만날 수 있겠습니까? 자아는 육체가 아니라 마음에 머무른다는 것을 명심하십시오. 마찬가지로 꿈꾸는 자아의 일부가 꿈

속에서 반영될 수는 있지만, 사실 꿈꾸는 자아는 꿈속에 있지 않습니다. 이것은 임사 체험의 당사자가 개인적으로 경험한 것을 부인하는 것이 아닙니다. 하지만 당사자의 경험이 아무리 유효하다고 해도, 그가 내린 해석은 주관적인 해석이지 "객관적" 진실은 아니라는 것입니다. 예를 들자면, 이 세상에 사는 모든 이들이 일출과 일몰을 경험하며, 그들 중 많은 이들이 그 광경에서 아름다움을 보거나 영적인 감정을 느끼기도 합니다.

하지만 과학적으로 말하자면 태양은 떠오르거나 지지 않습니다. 움직이는 것은 태양 주위를 공전하는 지구입니다. 이와 같이 경험과 사실은 다릅니다. 비슷한 예를 들자면, 경험의 수준에서는 지구가 평평한 것처럼 느껴집니다. 하지만 우리는 지적인 수준에서 지구가 둥글다는 것을 알고 있습니다. 그러므로 임사 체험이나 사후에 가는 장소에 대한 사람들의 이해가 진실을 정의하지는 않습니다. 이와 같은 경험을 기적수업의 관점에서 본다면 상당히 다른 해석을 내리게 될 것입니다. 그러한 경험들은 마음에서 육체로, 삶과 죽음과 임사 체험이 연관된 육체로 투사된 용서의 표현들입니다.

마음은 육체 속에 머무른 적이 없기에, 유체 이탈은 사실상 불가능합니다. 그러므로 마음은 육체를 떠나거나, 터널을 지나가거나, 사후에 예수를 만날 수 없습니다. 이러한 믿음에는 위험한 요소가 있습니다. 그 믿음은 오직 육체의 죽음을 거쳐야지만 평화와 기쁨과 행복에 도달할 수 있다고 제안하며, 임사 체험을 겪은 많은 이들이 그것을 사실로 받아들였습니다. 기적수업은 지금 이 순간 거룩한 순간을 선택하고 경험하는 것, 에고 대신 예수 또는 성령을 선택하는 것에 중점을 둡니다. 천국에 가기 위해 죽을 필요는 없습니다. 천국은 완벽한 하나임에 대한 인식이며, 그 인식은 다른 곳이 아닌 오직 마음 안에 있습니다.

육체를 떠나거나 터널을 지나지 않아도 거룩한 순간을 맞이하여 용서를 경험할 수 있습니다. '플랫라이너Flatliners'라는 영화에서 제시하듯 임사 체험을 우리가 추구해야 할 거룩한 순간의 최상 수단으로 여기는 것은 육체를 실재화한 다음 육체를 떠나야만 하는 추한 것으로 여기게 만들려는 에고의 계략에 기여할 뿐입니다. 이러한 관점은 사람들을 어둠의 감옥에서 풀려나 형체가 없는 빛 속으로 탈출하고 싶게 만듭니다. 그러면 분리와 죄책과 특별함으로 이루어진 에고의 사고 체계는 마음속에 그대로 남고, 물질 세상에 존재하는 육체가 실제로 존재한다는 믿음의 보호를 받게 됩니다.

그러므로 그러한 경험이 실재라고 믿는 것은 빛과 어둠 양쪽에 똑같은 힘과 실재성을 부여하는 것으로 진리와의 타협이라고 할 수 있으며, 기적수업에서 예수는 그런 타협을 하지 말라고 경고합니다. 교사용 지침서 중 죽음을 다루는 부분에서 예수의 경고가 명확하게 설명되어 있는데 아래에 그 문구를 인용하겠습니다. 이 구절은, 임종 시 영혼이 풀려나서 하나님에게로 돌아간다든지, 천주교의 연옥 교리에서처럼 영혼이 자신의 여행을 계속해 나간다는 일반적인 종교적 신념에 대한 언급으로 시작됩니다. 그러나 임사체험에 대한 현시대의 관심은, 우리가 방금 살펴본 바와 같이, 물리적 우주 전체의 허상적 본성과, 몸, 마음, "영"이라고 잘못 칭해지고 있는 개별적인 존재의 허상적 본성을 인식하지 못하고 있다는 오류의 범주로 분류될 수 있습니다.

죽어가는 것들 중 일부가(예컨대 영혼이나 어떤 "생명력"이) 그 죽을 것에서 떠나가도 계속 살 수 있다는 이 기이한 믿음은 사랑의 하나님을 선포하지 않으며, 신뢰의 그 어떤 토대도 다시 세우지 않는다. 그 무엇에게라도 죽음이 실재라면, 생명은 없다. 죽음은 생명을 부인한다. 그러나 생명에 실재성이 있다면, 죽음은 부인된다. 여기에는 타협이 있을 수 없다. 두려움의 신이 있거나, 사랑의 하나님이 계시거나 둘 중 하나다. 세상은 무수히 타협을 시도하고, 다시 무수히 시도할 것이다. 그 무엇도 하나님이 받아들이실 만하지 않기에, 그 무엇도 하나님의 교사가 받아들일 만하지 않다. 하나님은 두려움을 만들지 않았기에 죽음도 만들지 않으셨다. 둘 다 하나님께는 똑같이 무의미하다.

죽음의 '실재성'은 하나님의 아들이 몸이라는 신념에 단단히 뿌리를 내리고 있다. 하나님이 몸을 창조하셨다면 죽음은 진정 실재이겠지만, 하나님이 사랑의 존재일 수는 없을 것이다. 실재세상과 허상의 세상에 대한 지각이 이보다 더 극명한 대조를 이루는 분야는 없다...

"맨 나중에 멸망받을 것은 죽음이다 (고린도전서 15:26)." 당연하다! 죽음의 관념이 없다면 세상도 없다. 모든 꿈은 바로 이 꿈과 함께 끝난다. 모든 허상의 종말, 그것이 구원의 궁극적인 목적이다. 죽음에서 모든 허상이 태어난다. 죽음에서 태어나 여전히 생명을 지닐 수 있는 것이 무엇이 있겠는가? 역으로, 하나님에게서 태어나 죽을 수 있는 것이 무엇이 있겠는가? 세상은 죽음에 매달리면서도 사랑을 실재라고 여기려는 헛된 시도를 통해 모순과 타협과 의례를 육성하지만 그것들은 마음이 없는 마술로, 효과도 의미도 없다. 하나님은 존재하시며, 창조된 모든 것은 하나님 안에서 영원하다. 그렇지 않다면 하나님은 반대쌍을 가지며, 두려움도 사랑만큼 실재가 된다는 점을 너는 보지 못하는가?

하나님의 교사여, 너의 유일한 과제는 다음과 같이 말할 수 있다. 죽음이 관여된 그 어떤 타협도 수용하지 말라. 잔혹함을 믿지 말고, 공격으로 진리가 네게 감춰지게 하지 말라. 죽는 것처럼 보이는 것은 (예전에 살아있었던 육체) 다만 잘못 지각된 것이며 허상으로 가져갔던 것에 지나지 않는다. 이제 허상을 진리로 가져오게 하는 것이 너의 임무다. 이 점만은 흔들리지 말지니, 변화하는 형태가 제아무리 '실재'처럼 보이더라도 거기에 속지 말라. 진리는 움직이지도 흔들리지도 않으며, 죽음과 부패의 나락에 떨어지지도 않는다. 그러면 죽음의 종말은 무엇인가? 그것은 다만, 하나님의 아들은 지금도 죄가 없고 앞으로도 영원히 죄가 없다는 깨달음일 뿐이다. 그것이 전부다. 하지만 그 이하도 아니라는 사실을 잊지 말라(M-27.4:1-5:4; 6-7).

살아 있다가 죽는 것, 변하고 성장하고 부패하는 것, 다른 이들과 분리된 듯 보이는 것은 하나님에게서 온 것이 아니며, 따라서 실재하지 않습니다. 그러므로 죽음과 임사 체험을 포함해서 육체에 연관된 모든 것은 존재하지 않기에 무의미합니다. 허상 속에서 그것들이 가진 유일한 의미는 오직 우리에게 의미 있는 것과 의미 없는 것을 구분하는 법을 배우는 교실을 제공하는 것입니다.

질문 10 : 깨달음 또는 부활이라는 용어는 육체로부터의 자유를 의미합니까?

대답 : 그렇지 않습니다. 마음은 육체 속에 감금되어 있는 것이 아니라, 에고의 사고체계와 동일시하겠다는 자신의 결정에만 감금되어 있기 때문입니다. 그러므로 깨달음이란 꿈에서 깨어나는 것을 가리키며, 이 과정은 오직 마음의 수준에서 일어납니다. "깨달음은 다만 인식일

뿐, 전혀 변화가 아니다" (W-pI.188.1:4). 그러므로 깨달음이란 하나님이 창조한 있는 그대로의 우리 자신을 받아들이는 것, 하나님으로부터의 분리가 결코 일어나지 않았기에 아무런 변화도 필요 없음을 인식하는 것입니다. 이것이 기적수업에서 자신을 위해 속죄를 받아들이라는 문구의 의미입니다. 기적수업은 부활을 에고가 꾸는 죽음의 꿈에서 깨어나는 것이라고 정의합니다. 교사용 지침서에 "부활은 무엇인가"에 대한 답을 보면, 죽음을 "극복"하는 과정이 마음속에서 일어난다는 것을 알 수 있습니다. 죽음은 육체와 무관하기 때문입니다.

간단히 말해 부활은 죽음을 이기는 것, 혹은 죽음을 극복하는 것이다. 부활은 다시 깨어남 혹은 거듭남으로, 세상의 의미에 대해 마음을 바꾸는 것이다. 부활은 세상의 목적에 대한 성령의 해석을 받아들이는 것이요, 자신을 위해 속죄를 받아들이는 것이다. 부활은 불행한 꿈의 종말이며, 성령의 최후의 꿈을 기쁘게 의식하는 것이다…
    부활은 생명을 주장하므로 죽음의 부인이다. 그리하여 세상의 모든 생각은 완전히 역전된다 (M-28.1:1-4; 2:1-2).

교과서 6장 "십자가의 메시지"에서 예수는 우리 학습의 모범이 되는 자기 자신에 대해 다음과 같이 설명합니다.

너의 부활은 너의 다시 깨어남이다. 나는 거듭남의 모범이지만 거듭남 자체는 이미 있던 것이 너의 마음에 떠오르는 것에 지나지 않는다. 하나님께서 친히 부활을 거기에 두셨으니 그것은 영원히 참되다 (T-6.1.7:1-3).

앞서 살펴본 구절들은 부활이(또는 용서 과정이) 일어나는 곳이 육체가 아니라 마음이라는 점을 명확하게 지적하고 있습니다. 모든 꿈들의 근원은 분열된 마음이며, 따라서 교정이 필요하고 교정이 효력을 발휘할 수 있는 곳도 오직 마음에서입니다.

깨달음에 도달한 이후에도 육체에 계속 머무르는 것처럼 보일 수 있습니다. 예수가 그 예입니다. 그는 자신의 실재가 육체의 꿈 바깥에 있음을 완전하게 인식하면서도 육체 속에 머물렀습니다. 그러므로 부활은 오직 우리가 육체 속에 존재한다는 믿음, 우리 자신이 육체라는 믿음으로부터의 자유를 의미합니다. 부활은 마음에서 일어나는 과정의 결말입니다. 에고가 꾸는 분리의 꿈은 마음속에만 존재하기 때문입니다. 예수가 수업에서 자주 언급하듯 관념은 언제나 자신의 근원 안에 머무릅니다. 따라서 분리된 세상과 육체의 관념은 자신의 근원인 분열된 마음을 결코 떠나지 않았습니다.

질문 11 : 만일 이 모든 것이 꿈 또는 허상이라면, 이미 완성된 각본이라면, 내 삶에서 무엇을 하든 무슨 상관이 있습니까?

대답 : 기적수업은 한 수준에서는 이 세상이 허상이고 여기에서 우리가 경험하는 것은 환각이라고 가르치지만, 다른 수준에서는 **"하지만 이 세상에서 육체의 존재를 부인하기란 거의 불가능하다. 육체를 부인하는 것은 특히나 쓸모없는 부인이다"** (T-2.IV.3:10-11) 라고 설명합니다. 증오심으로 가득 찬 허상적 홀로그램 속에서 사는 "여러 삶"들의 각본을 쓴 것은 우리의 그른 마음입니다. 우리가 이 세상에서 경험하는 것이 실재라는 믿음을 강화시키는 것이 에고의 목표이며, 그 믿음은 하나님으로부터 분리된 상태가 우리의 실재라는 믿음을 반영합니다. 부인의 방어막보다 에고의 목표에 훌륭하게 기여하는 것은 없습니다. 부인은 죄책감과 두려움을 매우 실재하는 것처럼 보이게 만들기에 우리는 그것을 견딜 수 없을 정도입니다. 그래서 우리는 그것들을 억압하고 다시는 직시하지 않으려고 합니다. 이로 인해 분리의 생각은 분열된 마음 안에서 실재인 것으로 남아있으며, 성령이 접근할 수 없도록 보호받습니다.

기적수업은 우리에게 꿈의 세상 속에서 살아가는 두 가지 선택의 대안을 제시하며, 사실 그 두 가지 대안이 우리가 꿈속에서 내릴 수 있는 유일한 선택입니다. 앞서 언급한 바와 같이 우리는 분열된 마음을 가지고 있으며, 분열된 마음은 세 부분으로 구성됩니다. 1) 에고의 사고 체계를 유지하는 그른 마음. 그른 마음속에서 우리는 여러 선택의 대안이 있는 것처럼 보이지만, 예수는 에고의 사고 체계 속에서 선택이 있다고 믿는 것이 스스로를 속이는 망상이라고 단언합니다 2) 성령의 집인 바른 마음. 바른 마음은 에고의 사고 체계가 떠올린 모든 그른 생각과 그른 창조물에 대한 교정을 담고 있습니다 3) 에고 아니면 성령을 선택하는 마음의 부분. 수업에서 우리는 그 부분을 결정권자라고 부릅니다. 허상일 뿐인 분리의 꿈에서 우리가 가진 진정한 선택의 대안, 진정한 자유의 대안은 오직 바른 마음입니다. 바른 마음을 선택하면 그른 마음은 해제됩니다. 다음 질문에서도 이 중요한 요점을 다시 언급할 것입니다.

기적수업은 우리가 용서의 각본을 선택하는 것만이 이 세상의 유일한 목적이라고 가르칩니다. 성령은 죄책과 공격으로 가득 찬 에고의 악몽에 대한 교정을 제공하며, 성령의 교정 방법을 통해 이 세상은 우리가 용서의 가르침을 배울 수 있는 교실이 됩니다. 그리하여 육체와 물질 세상을 탄생시킨, 우리가 만든 죄책이 해제됩니다. "무엇을 하든 상관없다"는 생각으로 에고의 환상을 쫓아다니는 것은 욕망을 실재화할 뿐이며(그런 욕구가 없었다면 에고의 환상을 왜 쫓아다니겠습니까?), 죄책감으로 가득 찬 에고의 꿈에 더욱 깊이 뿌리를 내리게 만듭니다. 그 예를 들면 살인, 도난, 사기, 분노, 성 착취, 삶이 무의미하다는 생각, 우울증, 자살이 있습니다. 그러므로 우리는 "내 삶에서 무엇을 하든 무슨 상관이 있는가"라는 질문을 완전히 다른 관점에서 이해할 수 있으며, 이 관점은 우리 삶에 큰 의미를 부여합니다. "나에게는 선택의 대안이 있다. 나는 어떤 꿈을 추구하기로 선택할 것이며, 어떤 꿈에 충성을 바칠 것인가?"

이제 우리는 형이상학적 수준에서는 우리가 행하는 모든 것이-우리의 정체를 포함한 모든 것이-허상임을 이해합니다. 하지만 우리가 머무르고 있다고 믿는 꿈의 수준에서 우리가 어떤 삶을 추구하는지는 매우 중요합니다. 무엇을 행하는가 보다는 누구와 함께 행하는지가 중요합니다. 예수 또는 성령을 우리의 교사, 인도자, 친구로 선택하는 것만이 우리를 꿈꾸는 상태로 유지시키는 원인을 해제할 수 있습니다. 이미 쓰여 있고 이미 해제된 각본을 바꿀 수는 없습니다. 하지만 우리는 에고의 각본에서 성령의 각본으로 바꿀 수는 있습니다. 성령의 각본으로 바꿀 수 있도록 우리를 도와주는 것이 기적수업의 목적입니다.

질문 12 : 갓난아기는 결백한 상태로 즉 죄 없는 상태로 태어납니까?

대답 : 오직 하나님 아들의 집인 천국에서만 진실로 결백한 상태일 수 있습니다. 교사용 지침서에 나오는 교사들의 교사들은 예외지만, 이것은 매우 드문 예외입니다(M-26.2). 오직 마음속에 죄책을 담고 있는 자들만이 세상을 "찾아오고", 세상에 태어납니다. 연습서 182과는 이 세상에 살고 있는 모든 이들에 대해 다음과 같은 예리한 설명을 전합니다.

오늘 우리는 이 땅을 걷고 있는 모든 이를 위해 말하니, 그들은 집에 있지 않기 때문이다. 그들은 자신들이 발견할 수 없는 것을 찾아 끊임없이 어둠 속을 돌아다니며, 자신이 무엇을 찾고 있는지 인식하지 못한다. 그들은 무수히 집을 짓지만, 어느 하나 쉼 없는 그들의 마음을 채워주지 못한다. 그들은 자신이 헛되이 집을 짓고 있음을 이해하지 못한다. 그들은 자신들이 찾는 집을 지을 수 없다. 천국을 대체하는 것은 없다. 그들이 지금껏 만든 것은 모두 지옥이었다 (W-pI.182.3).

우리가 죄라고 여기는 것은 결국 천국을 대체하는 것이 있다는 믿음입니다. 그 결과 분리된 아들은 이미 흘러가버린 분리의 생각과 그 결과들을 계속 반복해서 관람합니다. 그러므로 이 세상을 찾아오는 모든 이들은 자신들이 결백을 상실했다는 데에 따른 죄책을 공유합니다. 에고는 그들이 이 세상에 사는 목적이 바로 그 죄책을 강화시키는 것이라고 봅니다. 하지만 이 세상에 살고 있다고 믿는 사람들을 위한 성령의 목적은 용서를 연습함으로써 죄책을 해제하는 것이며, 용서는 희생에 대한 믿음을 해제시킵니다. 그리하여 분리된 자들은 자신의 결백함에 대한 인식을 회복합니다. 결백함은 하나님의 독생자, 하나님이 당신과 하나가 되게끔 창조한 그리스도의 영원한 속성이자 권리입니다.

이러한 관점에서 보면 결백한 상태로 태어난 인간이 사회 때문에 타락한다는 대중적 의견이-루소의 "고귀한 야만인noble savage"- 왜 이 세상이 실재이며 우리에게 피해를 준다고 주장하는 에고의 계략과 일치하는지를 이해할 수 있습니다. 에고의 사고 체계는 우리가 세상이라는 꿈을 꾸고 있는 것이 아니라, 세상이 우리라는 꿈을 꾸고 있다는 관념을 내세웁니다. 따라서 에고는 결백의 상실에 대한 책임이 세상에 있다고 주장합니다. 에고의 주장에 따르면 우리는 우리 스스로의 생각으로 결백을 버린 것이 아니라 결백을 빼앗긴 것이며, 우리가 만들지도 선택하지도 않은 세상의 결백한 희생양입니다. 이와 같은 에고의 핵심적 원리가 바로 "꿈의 주인공" 부분에 실린 다음 구절들의 주제입니다.

탄생에서 죽음에 이르기까지 몸이 겪는 일련의 모험은 이 세상이 꾸는 모든 꿈의 주제다. 꿈의 '주인공'은 결코 바뀌지 않을 것이며 목적 또한 바뀌지 않을 것이다. 비록 꿈 자체는 여러 형태이고 '주인공'이 처한 장소와 사건도 무척 다양해 보이지만, 여러 방식으로 주입된 하나의 목표가 있을 뿐이다. 꿈이 가르치고, 가르치며, 또 다시 가르치려는 유일한 교훈은 꿈은 원인이지 결과가 아니며, 너는 꿈의 결과이지 결코 꿈의 원인일 수 없다는 것이다.

그러므로 너는 꿈꾸는 자가 아니라 꿈이며, 꿈이 설정한 장소와 사건들을 들락거리며 헛되이 방황한다. 몸은 꿈의 등장물에 지나지 않기에 사실 몸이 하는 일은 그것이 전부다 (T-27.VIII.3:1-4:3).

우리의 삶은 결국 우리가 꾸고 있는 꿈이기에, 즉 우리가 마음에 담고 있는 생각들이 바깥으로 표현된 것이기에 결백의 상실에 대한 책임은 오로지 우리에게 있습니다. 결백의 상실이 모든 이들이 꾸고 있는 꿈의 주제입니다. 아무도 결백한 상태로 태어나지 않습니다. 오직 그리스도만이 결백하며, 그리스도는 결코 태어나지 않았습니다. 하지만 용서의 과정을 통해, 우리의 잘못된 생각들에 대한 교정을 받아들이는 과정을 통해 우리는 우리가 결코 죄를 지은 적이 없음을 기억할 수 있습니다. 그러므로 사실 우리는 우리가 결백 자체로부터 우리 자신을 분리시켰다는 모든 믿음들로부터 결백합니다.

질문 13 : 예수가 기적수업의 저자라는 말이 기적수업의 어느 부분에 적혀 있으며, 왜 책에는 저자의 이름이 등장하지 않습니까? 교사용 지침서에서 예수를 설명할 때 3인칭을 사용하는 이유는 무엇입니까? 수업 내용을 구술한 또 다른 음성이 있었던 것입니까?

대답 : 교과서의 대부분은 1인칭을 사용하며, 거기에서 "나"는 예수를 가리킵니다. 예수가 십자가와 부활을 구체적으로 설명하는 부분에

서도 1인칭이 사용됩니다. 연습서와 교사용 지침서에는 1인칭이 자주 등장하지 않지만, 1인칭이 사용되는 경우 그것은 독자에게 깊은 인상을 남겨줍니다. 예를 들자면, 연습서의 70과와 연습서의 복습 V 서문과 교사용 지침서 마지막 부분에 나오는 시가 그렇습니다.

흥미롭게도 교사용 지침서의 "예수는 치유에서 특별한 위치에 있는가" 부분과 용어 해설에서 "예수- 그리스도"와 "성령"을 설명하는 부분에서는 예수가 3인칭으로 묘사됩니다. 어떤 학생은 그러한 변화가 헬렌이 그 당시에 다른 음성을 듣고 있었음을 보여준다고 생각하기도 하지만 이것은 사실이 아닙니다. 헬렌은 오직 한 음성만이, 즉 예수만이 자신에게 구술하고 있었음을 확실하게 알고 있었습니다. 예수를 구체적으로 검토하는 그 세 부분에서 사용된 3인칭의 목적은 언어적 표현에 관련된 것이지, 다른 의미는 없었습니다. 하지만 만일 학생들이 원한다면, 3인칭이 사용되는 부분들은 성령이 예수에 대해 설명하고 있다고 이해해도 무방합니다. 앞서 언급한 바 있는 교사용 지침서의 "예수는 치유에서 특별한 위치에 있는가" 부분에는 기적수업의 저자가 예수라고 선언하며, 다시 말하지만 독자들이 원한다면 이것을 성령의 선언으로 이해해도 괜찮습니다.

이 수업은 그에게서 왔으니, 그의 말은 네가 사랑하고 이해할 수 있는 언어로 네게 도달했기 때문이다. 다른 언어를 쓰고 다른 상징에

끌리는 사람들을 이끄는 다른 교사들도 있는가? 물론이다. 하나님이 곤경에 처해 있는 자에게 지금 받을 수 있는 도움, 즉 하나님을 상징할 수 있는 구원자를 주지 않고 버려두시겠는가? 하지만 내용이 달라서가 아니라 상징은 필요에 따라 변하고 달라져야만 하기에, 우리는 다방면의 교육과정이 필요하다. 예수는 너의 필요에 응하여 왔다. 너는 그에게서 하나님의 답을 발견한다(M-23.7:6,7).

기적수업 책 표지에 저자의 이름이 등장하지 않는 이유는 간단합니다. 예수는 헬렌에게 저자의 이름을 쓰지 말라고 지시했기 때문입니다. 헬렌은 책에 자기 이름을 표기하지 말아야한다는 점도 강조했는데, 헬렌은 언제나 자기가 기적수업의 저자가 아니라는 점을 분명하게 표명하고자 했기 때문입니다.

질문 14 : 왜 기적수업의 용어나 표현은 읽고 이해하기가 이렇게 까다로운 것입니까? 예수는 더 쉬운 말로 기적수업을 구술할 수 없었습니까?

대답 : 영적 가르침을 학습하는 자들은 종종 가르침의 원래 형태를 있는 그대로 받아들이는 대신, 자신이 원하는 형태로 바꾸고 싶은 유혹을 느낍니다. 기적수업의 학생들도 마찬가지로 그런 유혹을 느끼는 경우가 있습니다. 학생들은 수업을 있는 그대로 받아들인 다음 자신

을 수업에 적응시키는 대신, 수업을 자신에게 적응하게 만들려는 유혹을 느낍니다. 수업의 언어와 문장들이 너무 많은 것을 한꺼번에 표현하려고 하거나, 생략된 부분이 너무 많아 내용이 불분명하거나, 너무 난해하다고 여기는 많은 학생들이 이와 같은 유혹을 경험합니다.

하지만 기적수업이 사용하는 언어의 형태에는 분명한 목적이 있으며, 언어를 수정하는 것은 예수가 전하고자 하는 교육적 의도에 유익하지 않을 것입니다. 기적수업은 학생들이 내용을 매우 주의 깊게 읽게끔 의도된 수업입니다. 이 수업은, 특히 수업의 교과서 부분은 빨리 진도를 나갈 수 있게 구술된 책이 아닙니다. 대부분의 기적수업 학생들은 문장 하나를 이해하기 위해 여러 번 반복해서 읽거나, 지시 대명사가 무엇을 지칭하는지 헷갈려서 힘들었던 기억이 있을 것입니다. 하지만 그들 중 대부분은 문장의 의미를 파악하느라 고뇌하는 과정을 통해 자신들이 대충 읽어 넘어갔으면 알아채지 못했을 더 깊은 의미를 발견할 수 있을 것이며, 그것이 바로 예수가 기적수업에서 어려운 표현 방식을 사용한 목적입니다. "주의 깊게 공부하라"는 예수의 말은 문자 그대로 주의 깊게 공부하라는 뜻입니다. 수업이 사용하는 언어는 수업을 진심으로 학습하려는 학생들에게 예수가 청하는 헌신과 집중을 그들에게서 성공적으로 끌어냅니다. 학생들이 기적수업의 가르침을 제대로 이해하게 되면, 그들은 기적수업의 내용이 얼마나 "간단하고, 명백하고, 직설적인지를" 놀라워할 것입니다. 예수 자신도 자기가 전하는 수업의 속성을 그렇게 설명했듯이 말입니다.

기적수업 본문 기호 표기법

T : text	교과서	p I : part I	1부(연습서1~220과)
W : workbook	연습서	P II : part II	2부(연습서221~360과)
M : manual	지침서	FL : final lessons	마지막 과 (연습서361~365과)
C : clarification for terms	용어해설	R : review	복습(연습서)
P : psychotherapy	심리치료	In : Introduction	들어가며
S : song of prayers	기도의 노래	Ep : epilogue	나가며

인용문 출처 예시

T-27.VIII.6:2	교과서 27장, 8섹션, 6번 문단, 2번 문장
W-pI.169.8:2	연습서 1부, 169과, 8번 문단, 2번 문장
W-pII.12.1:3	연습서 2부의 12번째 주제 1번 문단, 3번 문장
W-pII.227.1:1-7	연습서 2부, 227과, 1번 문단 1~7번 문장
M-12.3:3	지침서 12번 주제, 3번 문단, 3번 문장
C-in.4.4:5	용어해설 들어가기, 4번 주제, 4번 문단, 5번 문장

Foundation for A COURSE IN MIRACLES ®
기적수업 재단 소개

케네스 왑닉은 1968년 아델피 대학 Adelphi University에서 임상 심리학 박사 학위를 수여 받았다. 그는 기적수업을 받아 적는 과정에 직접 관여한 두 사람, 헬렌 슈크만과 윌리엄 테드포드의 절친한 친구이자 동료였다. 케네스는 1973년부터 기적수업에 관여하기 시작했다. 그는 기적수업에 대한 책을 냈고, 기적수업의 원리를 사람들에게 가르쳤으며, 심리치료에도 적용했다. 그는 기적수업을 출판한 〈내면의 평화 재단 Foundation for Inner Peace〉 이사회 임원이기도 하다.

1983년, 케네스는 아내 글로리아와 함께 〈기적수업 재단 Foundation for A Course In Miracles〉을 설립했으며, 재단은 그 다음 해 뉴욕 크롬폰드 New York Crompond에 교육 및 재활 센터로 급속히 성장하였다. 1988년에는 뉴욕 주 북부에 〈학술 및 치유 센터 Academy and Retreat Center〉를 설립했으며, 1995년에는 뉴욕주 교육 위원회 New York State Board of Regents가 승인한, 〈기적수업을 통해 얻는 내면의 평화 Institute for Inner Peace through ACIM〉 교육 기관을 창건했다. 2001년, 재단은 캘리포니아주 테메큘라로 이전했으며, 이제는 전자통신을 활용한 교육에 초점을 맞추고 있다. 재단은 "등대 Lighthouse"란 분기별 소식지를 발행, 무료로 공급하고 있다. 다음은 케네스와 글로리아가 본 재단의 비전이다.

기적수업을 공부하고, 심리 치료에 그 원리를 적용하고 가르치기 시작한지 얼마 되지 않았을 때에도, 또한 기적수업 교육 방침 및 기관 행정업무에 있어서도, 이미 기적수업의 사고 체계를 이해하기란 쉽지 않다는 것을 명백하게 알 수 있었다. 기적수업의 가르침을 지적으로 이해하는 것도 어렵지만, 그 가르침을 일상생활에 적용하기는 특히나 어렵다. 따라서 기적수업을 가르치기 시작한지 얼마 되지 않아 기적수업은 교육 과정을 통해 터득해야 하는 가르침으로 보였다. 그 과정이란 매일 사람들을 만날 때마다 그것을 성령의 가르침을 배울 기회로 삼을 수 있는 것처럼, 계속해서 학습하는 과정이다. 여기에 대해서는 교사용 지침서 첫 부분에서 더 상세하게 다루고 있다.

언젠가 헬렌과 나(케네쓰)는 기적수업을 사람들에게 알리는 방법에 대해 이야기를 나누게 되었다. 그때 헬렌은 비전에서 꼭대기에 금 십자가가 세워진 하얀 사원의 모습을 한 교육 센터를 봤다고 했다. 물론 그 사원이 상징적인 것임에 분명했지만, 우리는 그 비전이 우리가 어떤 교육 센터를 세워야 할지 보여준다고 여겼다. 우리가 세울 교육 센터는 예수님과 기적수업에 담긴 그의 메시지를 알리는 장소가 되어야 했다. 누구나 한번쯤은 먼 바다로 빛을 비추는 등대의 모습을 본 적이 있을 것이다. 등대는 빛을 찾는 이들을 불러들인다. 우리에게는 기적수업이 전하는 용서의 가르침이 바로 그 빛이다. 우리는 재단의 교육 형식과 재단이 계획한 기적수업의 비전을 선호하는 사람들과 그 가르침을 함께 나누고자 한다.

우리는 예수님이 특정한 시기에 특정한 형식으로 기적수업을 전해 준 데에는 분명 몇 가지 이유가 있었을 것이라 믿었고, 그 믿음을 근거로 기적수업을 어떻게 가르칠 것인가 계획할 수 있었다. 그 이유들이란,

1) 공격이 구원이라고 믿는 마음을 치유해야 할 필요성 : 마음의 치유는 용서를 통해 이루어진다. 용서란 분리와 죄가 실재라는 우리의 믿음을 해제하는 것이다.
2) 예수 및/또는 성령을 우리를 사랑하는 자상한 교사로 삼아, 그들과 개인적으로 가까운 사이가 되는 것이 얼마나 중요한지를 강조
3) 기독교의 오류 교정 : 특히 괴로움, 희생, 분리, 성찬식 등을 하나님의 구원 계획으로 여기는 오류를 교정

우리는 언제나 플라톤(그리고 그의 스승 소크라테스)과 그의 가르침을 기틀로 삼았다. 플라톤 아카데미는 플라톤의 가르침을 진지하게 공부할 뜻이 있는 사람들이 모이는 곳이었고, 따라서 그의 가르침을 학습하기 좋은 분위기였다. 거기서 가르침을 얻은 사람들은 각자 자기 직장으로 돌아가, 위대한 철학자에게서 배운 것을 적용했다. 우리는 추상적인 철학 관념을 경험과 융합시키는 플라톤의 학교가 기적수업 교육 센터의 완벽한 본보기라고 여겼다.

우리는 기적수업 학생들이 수업의 사고 체계를 더욱 잘 이해할 수 있도록, 개념상으로 이해할 뿐 아니라 실제로 경험할 수 있도록, 그들에게 도움을 주는 것을 재단의 주요 목적이라고 생각한다. 기적수업의 가르침을 잘 이해하면 이해할수록 살아가면서 예수의 가르침을 전하는 더욱 더 효율적인 수단이 될 수 있을 것이다. 용서를 경험하지 않은 채 가르치기만 하는 것은 무의미하기에, 재단의 구체적인 목표에는 사람들이 각자 자신의 죄가 용서되었고, 자신이 진실로 하나님의 사랑받는 존재임을 더 확실하게 알아갈 수 있는 과정을 제공하는 것도 포함된다. 사람들이 그 점을 알고 있어야 성령이 그들을 통해 다른 이들에게 하나님의 사랑을 확장할 수 있다.

재단을 캘리포니아주 테메큘라Temecula, California로 옮긴 것은, 어떤 관점에서 보면 "전자통신 혁명"에 부응한 것이라 할 수 있다. 이곳은 주택가 환경이 아니기에, 우리는 예전처럼 사람들을 직접 만나서 기적수업을 가르치는 방침에만 초점을 맞추지 않는다. 디지털 형식으로 가르침을 제공함으로써, 요즘 시대 빠르게 확산되어가는 전자 통신을 최대한 활용하고자 노력하고 있다. 이는 더 널리, 더 많은 사람들에게 기적수업의 가르침을 전달할 수 있게 해준다. 물론 기적수업의 내용은 여전히 똑같지만, 형태는 21세기에 적응한 것이다.

기적수업 한국모임

https://acimkorea.org

　　기적수업 한국모임은 2001년 2월 9일 구정희 님이 이희범 님의 도움을 받아 내면의 평화 기적수업 스터디라는 명칭으로 프리챌 커뮤니티에서 시작되었습니다. 기적수업을 함께 번역하면서 공부하자는 취지로 시작된 이 커뮤니티에서 구정희 님은 한국 최초로 기적수업 한국어 번역문을 한국 독자들에게 공개하였습니다. 기적수업의 상당한 분량이 번역되었을 무렵 구정희 님은 내면의 평화 재단 한국어 공식번역자로 선정되었고 2007년 4월 9일 네이버로 카페를 이전하였습니다. 2010년 7월 2일 공개 카페로 전환하면서 카페 명칭을 기적수업 한국 모임으로 바꾸었습니다.

　　기적수업 한국모임은 왑닉 박사님의 지도 아래 번역된 기적수업 공식 번역본과 기적수업에 관한 왑닉 박사님의 해설과 유튜브 동영상 등을 제공하며, 각종 세미나와 지역별 오프라인 모임과 온라인 모임 등을 통해 기적수업의 보급과 기적수업의 정확한 해설을 보급하도록 최선을 다하고 내용이 왜곡되지 않고 정확히 전달되도록 최선을 다하고 있습니다.